In dieser Reihe sind
bisher erschienen:

Richtig Aerobic
Richtig Badminton
Richtig Basketball
Richtig Bergsteigen
Richtig Body-Styling
Richtig Carven
Richtig Fitness-Skating
Richtig Fußball
Richtig Golf
Richtig Golf länger und genauer
Richtig Golf rund ums Grün
Richtig Hanteltraining
Richtig Inline-Skating
Richtig Jogging
Richtig Judo
Richtig Kanufahren
Richtig Karate
Richtig Marathon
Richtig Mountainbiken
Richtig Muskeltraining
Richtig Paragliding
Richtig Reiten
Richtig Rennradfahren
Richtig Schwimmen
Richtig Segeln
Richtig Skitouren
Richtig Snowboarding
Richtig Sportklettern
Richtig Stretching
Richtig Taekwondo
Richtig Tai-Bo
Richtig Tanzen Lateinamerikanische Tänze
Richtig Tanzen Modetänze
Richtig Tanzen Standardtänze
Richtig Tauchen
Richtig Tennis
Richtig Tennistraining
Richtig Tischtennis
Richtig Torwarttraining
Richtig Trainieren im Fitness-Studio
Richtig Triathlon
Richtig Volleyball
Richtig Walking
Richtig Yoga

RICHTIG

BLV SPORTPRAXIS TOP

Andreas Schäfer

Judo

blv

Die deutsche Bibliothek -
CIP-Einheitsaufnahme

Ein Titeldatensatz für diese Publikation ist bei Der Deutschen Bibliothek erhältlich

BLV Verlagsgesellschaft mbH,
München Wien Zürich
80797 München

BLV Sportpraxis Top

Lektorat: Inken Kloppenburg Verlags-Service, München
Layoutkonzeption: Parzhuber & Partner
Layout und DTP: Volker Fehrenbach
Umschlaggestaltung: Joko Sander Werbeagentur, München
Herstellung: Rosemarie Schmid
Druck: Bosch-Druck GmbH, Ergolding
Bindung: Bückers GmbH, Anzing

Bildnachweis:
Alle Fotos von Ulli Seer, außer:
Werner Pohl: S. 6, 8/9, 11, 12, 13, 68, 95

Umschlagfotos: Ulli Seer

Gedruckt auf chlorfrei gebleichtem Papier

Printed in Germany · ISBN 3-405-16302-1

Andreas Schäfer, 1968 in Hannover geboren und Träger des 4. Dan, ist freiberuflicher Diplom-Fitnesslehrer, Judo-Trainer-A und -Lehrer. Mit Judo befasst er sich seit seinem 7. Lebensjahr. Er war bis auf Bundesebene als Kämpfer aktiv. Als Trainer und Lehrer in verschiedenen Sportbereichen ist er mit 10 Lizenzen ausgezeichnet worden. Er leitet seit 1985 viele Judo-Gruppen im Elementar-, Grundlagen- und Breitensport sowie im Wettkampfbereich. Aus den Erfahrungen des Judo-Unterrichts und der Referententätigkeit für den Niedersächsischen Judo-Verband hat er ein Konzept entwickelt, das ineinander greift. Mit seinen Arbeiten – dem Trainingsplaner für Übungsleiter/innen, der Serie »Das Judo-Heft« für Gürtelprüfungen und der Lehrgangsreihe »Der Judo-Lehrgang« – möchte er allen Judoka, ob Trainer/in oder Schüler/in, ein besseres und spaßorientiertes Verstehen ermöglichen.

Sandra Schäfer entdeckte mit 11 Jahren den Judo-Sport. 1996 erwarb sie ihre Kampfrichterlizenz und machte ihre Übungsleiterausbildung. Sie unterrichtet heute Judo-Kindergruppen, leitet eine Judo-Showgruppe und ist Choreographin und Zeichnerin der Serie »Das Judo-Heft« für Gürtelprüfungen. Im Jahr 2000 legte sie schließlich ihre Prüfung zum 1. Dan ab.

Hinweis
Das vorliegende Buch wurde sorgfältig und nach neuesten Erkenntnissen der Wissenschaft erarbeitet. Dennoch erfolgen alle Angaben ohne Gewähr. Weder Autor noch Verlag können für eventuelle Nachteile oder Schäden, die aus den im Buch gegebenen praktischen Hinweisen resultieren, eine Haftung übernehmen.

Inhalt

Judo gestern und heute

Judo ist eine Zweikampfsportart, die ihre Wurzeln in Japan hat. So stammt auch das Wort »Judo« aus dem Japanischen und heißt wörtlich übersetzt »der sanfte Weg« – *ju* steht für Sanftheit oder Nachgeben und *do* für Weg oder Prinzip. Der Judo-Kämpfer heißt *Judoka*. Alle einzelnen Techniken werden bis heute mit japanischen Begriffen definiert.

Der Ursprung des Judo liegt in den alten japanischen Kriegskünsten und wurde vorerst als Jiu-Jitzu bekannt. Damals enthielt es Schlag- und Tritttechniken, Würfe, Arm- und Beinhebel, Festhaltetechniken sowie Stichtechniken mit Messern und Schwertern.

In der Zeit von 1603–1868 entwickelten sich in Japan in den verschiedenen Schulen unterschiedliche Stile dieser Kampfkunst. Bis 1868 gerieten die Kampfkünste jedoch immer mehr in Vergessenheit. Ein Schüler namens Kano, der an verschiedenen Kampfschulen Unterricht nahm, entwickelte später das heutige Judo. Prof. Dr. Jigoro Kano waren nicht nur die Techniken wichtig. Er legte ebenso großen Wert auf die Prinzipien, die Judo seiner Meinung nach vermitteln soll:

- Bester Einsatz von Geist und Körper.
- Gegenseitige Hilfe zum beiderseitigen Wohlergehen.
- Siegen durch Nachgeben.

Judo heute

Heute ist Judo eine Kampfsportart, die für Mädchen und Jungen, Frauen und Männer jeglicher Altersstufe geeignet ist. Im Judo gibt es Hunderte von Techniken. Was zunächst als Überforderung erscheinen mag, ist in Wirklichkeit die besondere Stärke des Judo. Es gibt ein vielfältiges Bewegungsangebot, das jedem etwas bieten kann. Jeder kann Techniken finden, die ihm liegen, die ihn ansprechen.

Es ist allgemein üblich, die Techniken zunächst unter ihren deutschen Namen zu lernen und erst später unter ihren japanischen Bezeichnungen. Durch das Erlernen der Namen jeder einzelnen Technik ist die Verständigung einfacher, sodass Techniken nicht immer wieder neu erklärt werden müssen.

Japanische Wörter mit K, Sh oder H am Wortanfang werden, wenn sie bei der Technikbezeichnung in der Mitte stehen, weicher gesprochen und anders geschrieben. Beispiele:

- **K**oshi-guruma → O-**g**oshi
- **Sh**ime-waza → Te-**j**ime
- **H**arai-goshi → De-ashi-**b**arai

Judo fördert

Wie bei kaum einer anderen Sportart fördert Judo optimal das seelische und körperliche Wohlbefinden in seiner Gesamtheit:

- Durch die zahlreichen unterschiedlichen Techniken muss sich der Judoka immer neuen Herausforderungen stellen.
- Das Erfolgserlebnis, den Partner zu werfen oder ihn in einen Haltegriff zu nehmen, ist so nah spürbar wie nur auf wenigen anderen Gebieten.
- Das Erlernen einer Fallübung gibt im alltäglichen Leben mehr Sicherheit.
- Den Partner nicht zu verletzen, ihm zu vertrauen und für ihn Sorge zu tragen ergibt sich aus den Prinzipien der Sportart und erzieht zur Höflichkeit, Rücksichtnahme und Aufmerksamkeit anderen gegenüber.
- Jeder hat den Drang, sich zu messen und zu raufen. Im Judo ist es durch Regeln, die die Sicherheit garantieren, möglich, diesem Drang nachzugehen, indem man den Partner zu Fall bringt, ohne ihm Schmerz zuzufügen.

Grundsätzliches voraus

Ziel im Judo ist es, körperliche Kontrolle über den Partner (Gegner) auszuüben. Man unterscheidet zwischen den Standtechniken (im Stehen ausgeführte Techniken) und den Bodentechniken (im Knien oder Liegen ausgeführte Techniken). Die Kontrolle über den Partner wird zum Ausdruck gebracht durch:

- **das Werfen im Stand (Würfe):**
Der Partner wird aus dem Gleichgewicht gebracht und durch eine bestimmte Technik auf die Judo-Matte geworfen.
- **das Festhalten auf dem Boden (Haltegriffe):**
Der Partner liegt auf dem Rücken, sein Oberkörper wird kontrolliert. Er wird in dieser Position durch die verschiedenen Haltegriffe festgelegt. Die Zeitspanne im Wettkampf, die er auf dem Rücken gehalten werden muss, ist von der Region und den dort geltenden Kampfregeln abhängig. Der Partner kann jedoch vor Ende der Zeit aufgeben oder sich befreien und das Halten dadurch beenden.
- **das Würgen im Boden (Würger):**
Der Partner befindet sich in der Bodenlage. Dabei kann seine Position ganz unterschiedlich sein – z. B. auf dem Bauch oder Rücken liegend. Ein gut angesetzter Würger zwingt den Partner zur Aufgabe.
- **das Hebeln im Boden (Hebel):**
Der Partner befindet sich in der Bodenlage. Es darf immer nur das Ellenbogen-

gelenk gehebelt werden. Dabei kann der Partner in verschiedenen Positionen liegen, knien oder sitzen. Ein gut angesetzter Hebel zwingt den Partner zur Aufgabe.

Ausrüstung und Hygiene

Für die erste Judo-Stunde reicht ein ganz gewöhnlicher Trainingsanzug. Danach wird in einem *Judo-Gi* trainiert, einem Baumwollanzug, bestehend aus Jacke, Hose und Gürtel. Der weiche Untergrund (Judo-Matte) und die stabile Kleidung eröffnen ganz besondere Möglichkeiten in der Bewegungsvielfalt.
Da das »Trainingsgerät« kein Ball oder Schläger ist, sondern ein Mensch, muss beim Judo auf folgende hygienische und Verletzungen vorbeugende Maßnahmen besonders geachtet werden:

- Sauberer Judo-Anzug.
- Kurze Finger- und Fußnägel.
- Kein Schmuck (Ring, Kette usw.).
- Kein Hartplastik, keine metallischen Gegenstände (auch nicht in Haarbändern).

Gürtel

Gürtelfarben

Beim Judo unterscheidet man verschiedene Gürtelfarben. Die Farbe sagt etwas über das Können des einzelnen Judoka aus. Je dunkler die Farbe, desto größer sind sein Wissen und technisches Können. Die Gürtel werden nach abgelegter Prüfung vergeben. Es ist daher immer möglich, dass ein Judoka zwar über ein großes Wissen und Können verfügt, aber dennoch einen niedrigen Gürtel trägt, weil er keine Prüfung abgelegt hat.
Man unterscheidet die Kyu-Gürtel (Schülergrade) und die Dan-Gürtel (Meistergrade). Der erste Gürtel (weiß = 9. Kyu/Schülergrad) ist gleich beim Judo-Anzug dabei. Nach etwa sechs Monaten Training kann man, wenn das vorgegebene Mindestalter (gemäß derzeitiger Prüfungsordnung des DJB 6 Jahre) erreicht ist, den nächsthöheren Farbgürtel (weiß-gelb = 8. Kyu/Schülergrad) absolvieren. Das bedeutet, es muss in den meisten Vereinen eine Gürtelprüfung abgelegt werden, bei der an einem Stichtag alle Techniken für den nächsten Gürtel gezeigt werden. Da die Prüfungsordnung in jedem Landesverband unter-

1

2

Struktur der Gürtelfarben des Deutschen Judo-Bundes

Farbe	Grad
Weiß	9. Kyu
Weiß-Gelb	8. Kyu
Gelb	7. Kyu
Gelb-Orange	6. Kyu
Orange	5. Kyu
Orange-Grün	4. Kyu
Grün	3. Kyu
Blau	2. Kyu
Braun	1. Kyu
Schwarz	1–5. Dan
Rot-Weiß	6–8. Dan
Rot	9–10. Dan

schiedlich geregelt ist, soll hier nicht näher darauf eingegangen werden. Einige Vereine möchten die Prüfungsangst reduzieren, wobei sie die Schüler auf hohem Niveau halten und das positive Erlebnis, eine Gürtelstufe gemeistert zu haben, trotzdem bewahren. Möglichkeiten dafür sind:

- Die Prüfer gehen mit auf die Matte.
- Techniktraining wird angeboten, in dem ausschließlich für eine Gürtelfarbe trainiert wird.
- Lehrgänge werden gesondert an einem Wochenende durchgeführt.
- Literatur wird den Schülern in die Hand gegeben.
- Die gelernte Technik wird gezeigt und als gekonnt in einem Prüfungsheft oder auf einer Karte abgehakt.

Gürtel binden

Der Gürtel hat den Zweck, die Jacke geschlossen zu halten. Dazu muss er eng anliegen und ordentlich gebunden sein. Die Gürtelenden sollten etwa bis zur Mitte der Oberschenkel reichen. Ein nicht korrekt gebundener, zu lockerer oder sogar offener Gürtel wird bei Wettkämpfen und im Training bemängelt und ist – wie in den Bildern unten gezeigt – neu zu binden:

1 Fassen Sie die Gürtelmitte und legen Sie sie auf den Bauchnabel.

2 Führen Sie die Gürtelenden zum Rücken, von dort um den Körper herum und wieder nach vorn zum Bauch.

3 Stecken Sie das oben liegende Ende unter den beiden Strängen hindurch und binden Sie einen Knoten.

4 Verbinden Sie nun die beiden Enden mit einem zweiten Knoten.

4

Verbeugen und Grüßen

Die Verbeugung hat einen hohen Stellenwert im Judo. Vor und nach jedem Training sowie vor und nach jeder Übung/jedem Kampf verbeugt man sich vor jedem neuen Partner. Das geschieht einerseits, um sich zu begrüßen oder zu verabschieden, und andererseits, um seinem Partner/Gegner zu zeigen, dass man ihn ehrt und respektiert, weil er mit einem übt oder kämpft.

Angrüßen /Abgrüßen

Das Training beginnt mit dem Angrüßen. Dabei stehen oder sitzen die Judoka nach der Rangfolge ihrer Gürtelfarben in der Reihe oder im Kreis. Der Träger des höchsten Gürtels oder der Trainer gibt durch das japanische Kommando *Mokuso* den Beginn einer kurzen »Konzentrationsphase« an, in der sich der Judoka von Alltagsgedanken frei machen soll, um sich auf das bevorstehende Training vorzubereiten. Die Judoka schließen zur Konzentration die Augen. Nach dem Ruf *Rei* wird sich verbeugt, und das Training kann beginnen.

Am Ende des Trainings wird abgegrüßt. Dabei wird ebenso verfahren wie beim Angrüßen. Die Konzentrationsphase dient hier dazu, das Training hinter sich zu lassen, und die Verbeugung wird als Verabschiedung von den anderen Judoka angesehen.

Training

Das Judo-Training in seiner groben Grundstruktur wird in drei Phasen unterteilt:

Vorbereitungsphase

Jedes Training beginnt mit dem traditionellen Angrüßen. Anschließend erfolgt das Erwärmen; daher spricht man hier auch von der »Erwärmungsphase«. Dafür gibt es viele Möglichkeiten, beispielsweise in Form von Spielen oder Zirkeltraining. Im zweiten Teil der Vorbereitung stehen koordinative Elemente wie Turnen und Fallübungen. Diese Phase soll den Judoka geistig und körperlich auf die Hauptphase vorbereiten.

Hauptphase

In der Hauptphase werden neue Techniken vermittelt oder bereits bekannte Techniken situationsbezogen wiederholt und verbessert. Danach können die gelernten Techniken in einem Übungskampf *(Randori)* erprobt werden.

Endphase

Zum Schluss folgt das »Abwärmen«, welches gymnastische, entspannende oder spielerische Elemente enthält. Bevor das Training jedoch beendet wird, erfolgt das traditionelle Abgrüßen.

Es wird empfohlen, alle Techniken rechts und links zu trainieren, damit eine einseitige Belastung (muskuläre Dysbalance) erst gar nicht entstehen kann. Bei neu zu erlernenden Techniken sollte man sich vorerst für eine Seite entscheiden, um die Technik zu verstehen. Erst wenn die Technik in gewissem Maß auch beherrscht wird, sollte dazu übergegangen werden, die andere Seite ebenso zu trainieren. In diesem Buch sind aus Platzgründen alle Techniken nur einseitig demonstriert.

Wettkampf

Judo wird in drei große Bereiche unterteilt, die im Wett- und Übungskampf miteinander verbunden werden:

1. Das gefahrlose Fallen,
2. die Standtechniken, die wiederum in vier Gruppen gegliedert werden, und
3. die Bodentechniken mit Festhalten, Hebeln oder Würgen.

Die Wettkampfregeln sind in den einzelnen Bundesländern unterschiedlich beziehungsweise werden alle vier Jahre den aktuellen Bedürfnissen angepasst. Das trifft auch auf die Prüfungsordnung zu, die ebenfalls von Bundesland zu Bundesland unterschiedlich umgesetzt wird. Ursache sind die Entwicklung immer neuer oder variierter Techniken, neue Erkenntnisse sowie Erfahrungen, die zu Verbesserungen führen. Daher kann hier nur ein grober Rahmen aufgezeigt werden, der sich erfahrungsgemäß nicht ändern wird:

- Die Kämpfer/innen werden in Gewichtsgruppen unterteilt, damit sie nicht gegen wesentlich schwerere oder leichtere Gegner/innen kämpfen müssen.
- Der Judoka hat vier Möglichkeiten, bei einem Wettkampf Punkte für sich zu erzielen: durch Werfen, Halten, Hebeln oder Würgen.

Die Wettkampffläche

Die Wettkampffläche ist ein Quadrat, das in zwei Farben und drei Bereiche aufgeteilt ist:

1. Der innere, in der Regel grüne Bereich ist die eigentliche Kampffläche. Hier bestreiten die beiden Kontrahenten ihre Begegnung.
2. Um diese Kampffläche herum liegt die so genannte Warnfläche, die darauf hinweisen soll, dass die Mattenfläche bald endet. Dabei handelt es sich um eine Bahn roter Judo-Matten.
3. Außen liegt die noch mindestens zwei Meter breite Sicherheitsfläche, die in der Regel wie der Innenbereich aus grünen Matten besteht.

Die Größe der Wettkampffläche ist von der Altersklasse, der Turnier-/Meisterschaftsform und den in dieser Region geltenden Wettkampfregeln abhängig.

Kampfrichter

Ein Wettkampf wird durch einen Kampfrichter geleitet, den zwei Seitenrichter unterstützen. Am Kampfrichtertisch werden die Stoppuhren für Kampf- und Haltegriffzeit sowie die Anzeigetafel bedient und die Ergebnisse der einzelnen Begegnungen in die Kampflisten eingetragen.

Kampfstil

Bei einem guten Kampfstil ist der Oberkörper aufrecht, die Beine sind in Schrittstellung, die Knie etwas gebeugt und die Arme leicht angewinkelt. Die Kampfesführung sollte locker sein und nur im geeigneten Moment gezielt durch Technik, Schnelligkeit und Kraft verändert werden, um zum Erfolg zu führen. Ein schlechter Kampfstil zeichnet sich dagegen wie folgt aus: Der Kämpfer ist abgebeugt, seine Arme sind steif und sperren – wie dies gerade bei kleinen Kindern zu beobachten ist (hier Miluska, 4 Jahre, und Paul, 3 Jahre alt).

Er greift selten oder nie an, ist nur auf Kontertechniken aus und hat Angst vor dem Fallen.

Abschlagen oder Aufgeben des Kampfes

Unter Abschlagen versteht man das Schlagen der Handfläche auf die Judo-Matte, wobei der gerade Arm ebenfalls auf der Matte aufzukommen hat. Das Abschlagen kann mit der rechten oder linken Hand oder mit beiden Händen erfolgen.
Man unterscheidet zwei Arten des Abschlagens:

1. Abschlagen, um besser zu fallen
Standbereich: Beim Fallen (Wurf, Fallübung) wird mit der Handfläche einmal flach auf der Judo-Matte abgeschlagen. Der Arm sollte gerade und etwa in einem 45°-Winkel zum Oberkörper liegen.

2. Abschlagen, um aufzugeben
Bodenbereich: Wer beim Judo aufgeben will, schlägt zweimal direkt am Partner/Gegner mit der Handfläche ab. Alternativ ist auch das Abschlagen auf der Judo-Matte, mit dem Fuß oder ein Zuruf möglich.

Tori und Uke und die Bewegungsrichtungen

Zur besseren Verständigung unterscheidet man beim Judo *Tori* und *Uke*. Tori führt die jeweilige Technik aus, und Uke

duldet sie. Das bedeutet: Tori wirft oder hält, während Uke geworfen oder gehalten wird.
Jede Technik kann in verschiedenen Bewegungsrichtungen durchgeführt werden. Am Beispiel von Uke soll dies verdeutlicht werden:

- Uke zieht oder geht rückwärts.
- Uke drückt oder geht vorwärts.
- Uke drückt, zieht oder geht seitwärts.
- Uke drückt, zieht oder geht in der Kreisbewegung.

Die vier Richtungen sind also:

- vorwärts,
- rückwärts,
- seitwärts und die
- Kreisbewegung.

Die Techniken

Fallen

Das Fallen ist ein wichtiger Bestandteil im Judo, denn jeder Wurf sollte mit dem Fallen des Partners enden. Deshalb ist es beim Erlernen der Techniken wichtig, dem »Fallenden« vor dem Wurf das richtige Fallen zu vermitteln, um Verletzungen vorzubeugen. Das Beispiel eines Buches soll dies verdeutlichen: Lasse ich ein Buch unkontrolliert auf den Boden fallen und es schlägt auf einer Ecke auf, so wird es beschädigt. Die ganze Aufprallkraft konzentriert sich auf die kleine Angriffsfläche – die Buchecke. Lasse ich jedoch das Buch beim Fallen flach auf der Buchvorder- oder -rückseite aufkommen, so wird es nicht beschädigt. Die Angriffsfläche ist größer, der Aufprall verteilt sich auf die gesamte Buchfläche.
Das Fallen im Judo will gelernt sein, denn die gekonnte Technik hat die sehr wichtige Funktion, vor Verletzungen zu schützen.
Es gibt für jede Wurfrichtung auch eine spezielle Fallschule: rückwärts, seitwärts und vorwärts. Die Fallübung wird zunächst aus geringer Höhe, später dann aus dem Stand und über Hindernisse erlernt. Die höchste und spektakulärste Fallübung ist der so genannte Freie Fall.
Es gelten drei Regeln für den Fallenden:

1. Er muss sich beim Gleichgewichtsbruch klein und rund machen.
2. Er muss die Aufprallfläche so groß wie möglich halten.
3. Er muss abschlagen, um sich nicht abzustützen.

Werfen

Ziel ist es, den Partner/Gegner so aus dem Gleichgewicht zu bringen, dass er auf die Körperrückseite fällt.
Ein Wurf wird in drei aufeinander folgende Phasen unterteilt:

- Gleichgewichtsbrechen *(Kuzushi)*
- Wurfeingang *(Tsukuri)*
- Niederwurf *(Kake)*

Um mit einem Wurf im Wettkampf Punkte zu erzielen, ist darauf zu achten, wie der Fallende (Uke) auf die Matte aufkommt. Es wird wie folgt gewertet:

- Fällt Uke auf Gesäß oder Oberschenkel = kleine Wertung *(Koka)*.
- Fällt Uke auf die Seite = etwas mehr als eine kleine Wertung *(Yuko)*.
- Fällt Uke auf den Rücken, es fehlt jedoch an Kontrolle, Kraft oder Schwung = zweithöchste Wertung *(Waza-ari)*.
- Fällt Uke auf den Rücken mit Kontrolle, Kraft oder Schwung = höchste Wertung *(Ippon)*.

Die Wurftechniken werden in vier Gruppen unterteilt:

- Hüftwürfe (Koshi-waza)
- Handwürfe (Te-waza)
- Beinwürfe (Ashi-waza)
- Selbstfallwürfe (Sutemi-waza)

Halten

Je länger man den Untenliegenden auf dem Rücken festhalten kann, umso mehr Punkte gibt es. Der Haltegriff wird als solcher gewertet, wenn der Untenliegende auf dem Rücken kontrolliert wird und mindestens eine seiner Schultern mit der Matte Kontakt hat. Unterteilt werden die Haltegriffe in vier Gruppen:

1. **Schärpe** = an der Seite sitzend oder kniend halten
2. **Seitvierer** = von der Seite auf dem Bauch liegend oder kniend halten
3. **Reitvierer** = über dem Partner kniend halten
4. **Oberer Vierer** = vom Kopf her kniend oder auf dem Bauch liegend halten

Hebeln

Das Hebeln ist nicht in allen Altersstufen erlaubt. Wenn gehebelt wird, ist ausschließlich das Ellenbogengelenk anzugreifen. Es werden zwei Bereiche unterschieden: gestreckter und gebeugter Armhebel. Diese zwei Bereiche werden dann noch einmal in sieben Gruppen aufgeteilt. Andere Gelenke zu hebeln ist wegen der hohen Verletzungsgefahr verboten. Bei einem Beugehebel kann zwar ein Ziehen im Schulterbereich zu spüren sein, es darf jedoch nicht das Schultergelenk selbst gehebelt werden.

Würgen

Das Würgen ist ebenfalls nicht in allen Altersstufen erlaubt. Die Angriffe sind nur gezielt auf die Halsschlagader/n zu richten. Kehlkopf und Luftröhre zu würgen ist wegen der hohen Verletzungsgefahr verboten. Es kann mit dem Druck auf die Halsschlagader eine Einengung der Luftzufuhr und des Kehlkopfes einhergehen. Diese Bereiche dürfen aber nicht direkt angegriffen werden.

Falltechniken
Ukemi-waza

Fallen rückwärts über eine Bank

7 Die Fersen an die Bank stellen. Der Oberkörper ist unter Spannung, die Waden sind dicht an der Bank.

8 Weit nach hinten auf die Bank setzen. Die Fersen stehen immer noch dicht an der Bank, die Körperspannung bleibt.

9 Rückwärts auf den Rücken abrollen mit einem Armwinkel von etwa 45° zum eigenen Oberkörper.

7

8

9

Fallen seitwärts

Fallen seitwärts ohne Partner

1 Zur Orientierung an eine Mattenlinie stellen. Einen Arm und das gleichseitige Bein (z. B. beide links) vor das andere Bein schwingen.

2 Auf dem Standbein in die Hocke gehen, bis Körper-Matten-Kontakt besteht.

3 Mit dem Arm vor dem gestreckten Bein abschlagen.

Fallen seitwärts mit Partner

4 Tori greift mit einer Hand Ukes Revers, Uke sichert Tori durch Fassen des Ärmels.

5 Tori schwingt seine Beine hoch (auch mit Anlauf möglich).

6 Uke hält Tori während des Fallens fest und zieht ihn hoch, um einen harten Aufprall zu verhindern.

Fallen vorwärts

Fallen vorwärts mit Liegenbleiben

1 Bei der Falltechnik vorwärts rechts müssen der rechte Arm und das rechte Bein nach vorn genommen werden (Ausfallschritt). Die Hände zeigen entgegen der Fallrichtung.

2 Der Oberkörper wird gesenkt, der Kopf zur Seite gewendet, die Hände werden aufgesetzt, und durch Mithilfe des hinteren, gestreckten Beines wird mit Schwung zur Rolle angesetzt.

3 Es wird über die rechte Schulter gerollt. Der Mattenkontakt läuft über den Arm und quer über den Rücken.

4 Die Rolle endet auf der linken Seite liegend. Der linke Arm schlägt ab. Das linke Bein ist immer noch gestreckt. Der rechte Arm und das rechte Bein sind angewinkelt.

Fallen vorwärts mit Aufstehen

5 Ohne die Fußposition zu ändern, wird aufgestanden. Dabei ist es möglich, die Hand als Stütze zu nutzen, bei viel Schwung wird dies jedoch nicht nötig sein.

Fallen vorwärts über ein Hindernis

6 Mit dem rechten Bein auf den Partner zugehen. Mit dem rechten Arm über Ukes Rücken greifen und den Bauch umfassen. Das hintere, gestreckte Bein gibt Schwung.

7 Weiterhin um Ukes Rumpf festhalten (rechter Arm), sonst beim Aufkommen wie beim Fallen vorwärts: Der linke Arm schlägt ab. Das linke Bein ist immer noch gestreckt, das rechte angewinkelt.

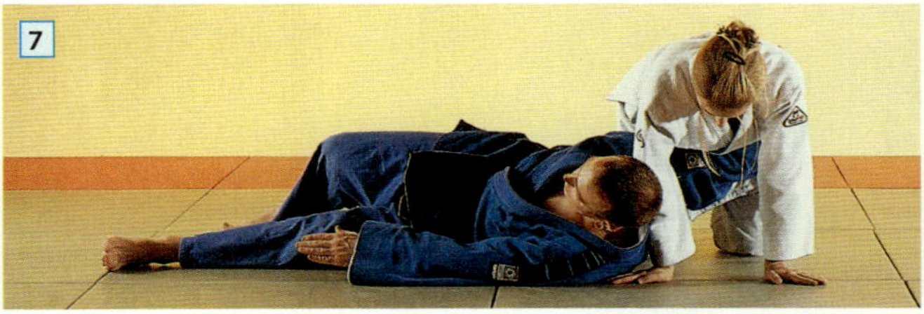
7

6

Freier Fall

8 Bei Rechtsausführung mit dem rechten Bein einen Schritt nach vorn machen, gleichzeitig den rechten Arm von oben nach unten und dazu das linke Bein nach hinten hoch schwingen – als wolle man mit der rechten Faust das linke Bein treffen.

9 Die Bewegung gibt den Schwung zu einer Luftrolle, dem »Freien Fall«. Der Schwung muss so groß sein, dass der Kopf die Matte auf keinen Fall berührt.

10 Anschließend sollte man so wie beim Fallen vorwärts mit Liegenbleiben aufkommen: Der linke Arm schlägt ab, das linke Bein ist immer noch gestreckt. Der rechte Arm und das rechte Bein sind angewinkelt.

10

9

8

Standtechniken
Nage-waza

Hüfttechniken (Koshi-waza)

Hüftwürfe auf beiden Beinen

O-goshi
Großer Hüftwurf

1 Tori greift mit der rechten Hand auf Ukes Rücken. Die linke Hand fasst Ukes rechten Ärmel. Durch Armzug wird Ukes Gleichgewicht gebrochen (Ziel: Uke steht mehr auf Zehenspitzen und ist nach vorn gebeugt).

2 Tori dreht sich so weit ein, dass er direkt vor Uke steht (Rücken-Bauch-Kontakt), und geht zeitgleich in die Knie, wobei er den Armzug (linke Hand) verstärkt.

3 Nun werden die Beine gestreckt und der Oberkörper diagonal in Wurfrichtung weitergedreht, ...

4 bis Uke zu Fall kommt. Uke kommt auf wie beim Fallen vorwärts, allerdings werden sein linker Arm und, wenn möglich, auch der Oberkörper noch immer von Tori kontrolliert.

2

3

4

Uki-goshi
Hüftschwung

5 Wie O-goshi: Rechte Hand auf Ukes Rücken, in den Ärmel fassen, Gleichgewicht brechen. Tori dreht sich nur halb ein und lässt die Beine fast gestreckt.

6 Tori schwingt Uke um seine Hüfte.

7 Wichtig:
Wieder Partnerkontrolle.

Koshi-guruma
Hüftrad

8 Tori fasst mit der rechten Hand um Ukes Nacken. Die linke Hand greift Ukes rechten Ärmel, an der Innenseite des Unterarms. Tori dreht sich ähnlich dem O-goshi ein. Durch Armzug wird Ukes Gleichgewicht gebrochen (Ziel: Uke steht mehr auf Zehenspitzen und ist nach vorn gebeugt).

9 Nun werden die Beine gestreckt und der Oberkörper so weit gedreht, bis Uke zu Fall kommt. Uke kommt wie beim Fallen vorwärts auf, allerdings werden sein linker Arm und, wenn möglich, auch der Oberkörper immer noch von Tori kontrolliert.

Tsuri-komi-goshi
Hebezug-Hüftwurf

10 Tori fasst mit der rechten Hand in Ukes Kragen. Die linke Hand greift Ukes rechten Ärmel, unterhalb dessen Ellenbogens. Tori zieht den Kragen nun hoch, sodass sein Unterarm an Ukes linker Oberkörperseite anliegt.

11 Eine andere Möglichkeit: Tori schiebt seinen rechten Arm nicht an Ukes Oberkörper, sondern unter dessen Achsel.
Nun werden die Beine gestreckt und der Oberkörper so weit gedreht, bis Uke zu Fall kommt. Uke kommt auf wie beim Fallen vorwärts, allerdings werden sein linker Arm und, wenn möglich, auch der Oberkörper immer noch von Tori kontrolliert.

Utsuri-goshi
Wechsel-Hüftwurf

12 Tori steht seitlich zu Uke. Toris rechte Hand greift in Ukes Kragen.

Tipp:
Uke dreht zum Koshi-guruma ein (siehe Seite 27). Uke steht zwischen Toris Beinen. Tori verteidigt mit Hüftblock.

13 Tori hebt Uke aus.

Tipp:
Uke stark heranziehen – Uke darf nicht zu weit eingedreht sein – und aus den Beinen Uke ausheben.

14 Tori bringt seine linke Hüfte durch einen Schritt vor Ukes rechte Hüfte ...

15 und wirft Uke über seine linke Hüfte.

Tsuri-goshi
Hüftzug

16 Tori fasst mit der rechten Hand um Ukes linken Arm herum und greift in den Gürtel auf dessen Rücken. Die linke Hand fasst in Ukes rechten Ärmel, auf der Innenseite des Unterarms. Durch Armzug wird Ukes Gleichgewicht gebrochen. Tori dreht ein (Rücken-Bauch-Kontakt) und wirft Uke über die Hüfte.

Sode-tsuri-komi-goshi
Ärmel-Hebezug-Hüftwurf

17 Tori fasst mit der linken Hand in Ukes rechten Ärmel und mit der rechten Hand in Ukes linken Ärmel (beidseitiger Ärmelgriff). Tori dreht sich ein und wirft Uke über seine Hüfte.

Tipp:
Rechten Ellenbogen unter Ukes Achsel schieben.

Hüftwürfe auf einem Bein

Harai-goshi
Hüftfeger

1 Es ist Tori freigestellt, ob er mit der rechten Hand auf Ukes Rücken, um den Nacken oder in den Kragen fasst. Mit der linken Hand greift er Ukes rechten Ärmel. Das Standbein (links) befindet sich nach dem Eindrehen zwischen Ukes Füßen.

2 Das Schwungbein (rechts) berührt mit der Rückseite Ukes rechte Beinvorderseite.

3 Mit dem Schwungbein fegt Tori beide Beine Ukes nach hinten weg.

Koshi-uchi-mata
Hüft-Innenschenkelwurf

4 Wie Harai-goshi, aber: Toris Beinaußenseite gegen Ukes Beininnenseite.

Hane-goshi
Springdrehwurf

5 Wie Harai-goshi, aber: Toris Unterschenkelaußenseite gegen Ukes Schienbein (Schwungbein angewinkelt, Knie zeigt nach außen).

Hand-, Arm- und Schultertechniken (Te-waza)

Handtechniken

Koshiki-daoshi
Beingreiftechnik von außen

1 Tori greift mit der rechten Hand in Ukes Kragen. Das rechte Bein steht weiter vorn als das linke (Rechtsauslage). Er drückt Uke auf dessen rechtes Bein.

2 Nun macht Tori einen Ausfallschritt auf Uke zu und greift mit seiner linken Hand von außen an Ukes rechte Unterschenkelaußenseite.

3 Anschließend drückt er Uke über das gegriffene Bein um.

1

2

3

Variante
Beingreiftechnik von außen

4 Toris rechte Hand greift Ukes Kragen. Uke weicht gegen Ko-uchi-gari (siehe Seite 45) aus. Das nutzt Tori und greift zum hochkommenden Bein.

5 Hat Tori das Bein fest gegriffen, sichelt er das noch stehende Bein von Uke.

6 Uke kommt zu Fall.

Sukui-nage
Schaufelwurf

7 Tori steht seitlich zu Uke.

Tipp:
Uke dreht zum Koshi-guruma (siehe Seite 27) oder O-goshi (siehe Seite 25) ein. Tori weicht mit seinem Oberkörper nach vorn aus und greift mit beiden Händen vor Ukes Körper in Kniehöhe in dessen Hose.

8 Tori drückt mit der Oberarmrückseite gegen Ukes Bauch und hebt gleichzeitig Uke hoch und wirft ihn über sein aufgestelltes Bein nach hinten.

Kata-ashi-dori
Beingreiftechnik von innen

9 Tori greift mit der rechten Hand in Ukes Kragen. Das linke Bein steht weiter vorn als das rechte (Linksauslage). Tori drückt Uke auf dessen linkes Bein.

10 Nun macht Tori einen Ausfallschritt auf Uke zu und greift mit seiner linken Hand von innen an Ukes linken Unterschenkel. Anschließend drückt er Uke über das gegriffene Bein um.

Ryo-ashi-dori / Morote-gari
Beidhändige Sichel

11 Tori taucht ab, macht einen Schritt zwischen Ukes Füße, nimmt seinen Kopf an dessen Seite und greift mit beiden Händen in Ukes Kniekehlen.

12 Durch Druck von Toris Schulter gegen Ukes Bauch und Zug an beiden Beinen reißt er Ukes Beine weg.

13 Tori kontrolliert aber bis zum Schluss Ukes Beine.

Te-guruma
Handrad

14 Tori steht seitlich zu Uke. Seine rechte Hand fasst Ukes Kragen.

Tipp:
Uke dreht zum Koshi-guruma (siehe Seite 27) ein.

Uke steht zwischen Toris Beinen. Tori verteidigt mit Hüftblock (siehe Seite 103) dessen Angriff. Er greift mit links von hinten zwischen Ukes Beine, umfasst dessen rechtes Bein und zieht Uke zu sich heran.

15 Tori hebt Uke hoch.

Tipp:
Aus den Beinen heraus ausheben.

Ist Uke in der Luft, vollführt Tori mit seinen Armen eine zeitversetzte Rotationsbewegung (wie beim Kanufahren).

16 Uke kommt zu Fall, und Tori übt Partnerkontrolle über den Kragen aus.

Ushiro-goshi
Hüftgegenwurf

17 Tori steht seitlich zu Uke.

Tipp:
Uke dreht zum Koshi-guruma (siehe Seite 27) ein.

Seine rechte Hand greift Ukes Kragen, seine linke umfasst Ukes Hüfte. Tori blockiert Ukes Angriff mit Hüftblock (siehe Seite 103).

18 Tori hebt Uke hoch.

Tipp:
Uke stark heranziehen (Bauch-Seiten-Kontakt) und aus den Beinen heraus ausheben.

19 Tori macht mit dem linken Bein einen Schritt zurück und lässt Uke zu Boden fallen, dabei greift er mit der linken Hand zu dessen Arm (Partnerkontrolle).

17

18

19

Uki-otoshi
Schwebehandzug

20 Uke bewegt sich auf Tori zu. Tori weicht mit dem linken Bein hinter sein rechtes Bein aus und geht dabei auf sein linkes Knie hinunter (Kniestand).

Tipp:
Toris linker und rechter Unterschenkel bilden einen Winkel von etwa 45°.

21 Tori zieht Uke an seiner linken Seite vorbei nach unten. Ukes Bewegungsrichtung wird nicht geändert! Uke kommt schließlich durch seinen eigenen Schwung zu Fall.

22 Der Wurf ist dann gut ausgeführt, wenn Ukes Bewegung einem »Freien Fall« gleicht.

Sumi-otoshi
Eckenkippe

23 Tori und Uke haben beide rechts gegriffen und stehen voreinander. Tori zieht Uke am Kragen zur rechten Seite, sodass dessen Gleichgewicht gebrochen wird.

24 Uke reagiert, indem er in die entgegengesetzte Richtung zieht, um einem Wurf Toris vorzubeugen.

25 Tori nutzt diese Bewegung Ukes und wirft ihn mit einer Lenkradbewegung in dieselbe Richtung um, in die dieser sich vor dem Angriff zu retten versuchte. Die Wurfdurchführung ist erst bei beherzter Gegenwehr Ukes in die Gegenrichtung erfolgreich und sinnvoll.

Armtechniken

Tai-otoshi
Körperwurf

1 Tori greift mit der linken Hand Ukes Ärmel, während er mit der rechten Hand in Ukes Kragen fasst und den Ellenbogen unter Ukes Achsel schiebt. Dabei dreht er sich so weit ein, dass seine Füße in die gleiche Richtung zeigen wie Ukes.

2 Das Bein von Tori, was sich nun mittig vor Ukes Körper befindet, wird rechts von Uke platziert. Die Ferse berührt nicht die Matte, das Knie ist gebeugt und zeigt nach unten. Während Tori sich noch weiter eindreht, verstärkt er den Zug an Ukes rechtem Ärmel.

3 Tori wirft Uke schließlich über sein rechtes Bein.

Tipp:
Das Bein wird gestreckt, wenn Uke darüber fällt.

Kubi-nage
Nackenwurf

4 Tori fasst mit der rechten Hand um Ukes Nacken. Die linke Hand greift Ukes rechten Ärmel, auf der Innenseite des Unterarms. Nach dem Eindrehen steht Tori mit beiden Beinen außerhalb von Ukes Beinen und blockiert diese mit seinem rechten Bein (Knie zur Matte). Durch Armzug wird Ukes Gleichgewicht gebrochen, er fällt über Toris Bein.

Schultertechniken

Ippon-seoi-nage
Punkt-Schulterwurf

1 Tori greift mit der linken Hand Ukes rechten Ärmel. Nun taucht Tori mit seinem rechten Arm unter Ukes rechte Achsel und klemmt dessen Arm in seiner Armbeuge ein. Dabei zieht er den eingeklemmten Arm vor seinen Oberkörper.

2 Während Tori sich eindreht, geht er in die Knie und hält die ganze Zeit engen Körperkontakt zu Uke. Der Wurf wird von ihm tief angesetzt und weit eingedreht. Die Füße sind V-fömig vor denen von Uke platziert.

Tipp:
Das Gesäß an Ukes rechte Beininnenseite bringen.

3 Um Uke zu Fall zu bringen, vollendet Tori den Wurf durch leichtes Weiterdrehen des Oberkörpers zusammen mit Strecken der Beine, Zug am Arm und Wurfausführung über die eigene Hüfte.

Morote-seoi-nage
Beidhändiger Schulterwurf

4 Tori greift mit der linken Hand Ukes rechten Ärmel und mit der rechten in dessen Kragen. Nun dreht sich Tori ein und legt seinen rechten Arm quer vor Ukes Oberkörper, sodass sein Ellenbogen unter dessen rechte Achsel taucht. Dabei zieht er Ukes Arm eng vor seinen Oberkörper, sodass dieser fixiert ist. Währenddessen geht er in die Knie und hält die ganze Zeit engen Körperkontakt zu Uke. Der Wurf wird tief angesetzt und weit eingedreht.

Tipp:
Das Gesäß an die rechte Beininnenseite bringen.

Die Füße sind V-förmig vor denen Ukes platziert. Um Uke zu Fall zu bringen, vollendet Tori den Wurf durch leichtes Weiterdrehen des Oberkörpers, zusammen mit Strecken der Beine, Zug am Arm und Wurfausführung über die eigene Hüfte.

Eri-seoi-nage
Kragen-Schulterwurf

5 Tori greift mit der rechten Hand Ukes Kragen. Nun taucht Tori mit seinem linken Arm unter Ukes linke Achsel und klemmt den Arm in seiner Armbeuge fest. Dabei zieht er Ukes Kragen eng an seinen Oberkörper und fixiert dadurch dessen linken Arm. Während Tori sich nun eindreht, geht er in die Knie und hält die ganze Zeit engen Körperkontakt zu Uke. Der Wurf wird tief angesetzt und weit eingedreht.

Tipp:
Das Gesäß an die linke Beininnenseite bringen.

Die Füße sind V-förmig vor denen Ukes platziert. Um Uke zu Fall zu bringen, vollendet Tori den Wurf durch leichtes Weiterdrehen des Oberkörpers, zusammen mit Strecken der Beine, Zug am Kragen und Wurfausführung über die eigene Hüfte. (Der Unterschied zu Ippon-seoi-nage – siehe Seite 39 – besteht also nur darin, dass Tori auf der anderen Seite eindreht und den Kragen greift.)

Seoi-otoshi
Schultersturz

6 Bei Seoi-otoshi dreht Tori sich wie bei Ippon-seoi-nage (siehe Seite 39) ein: Er fasst mit der linken Hand in Toris rechten Ärmel, taucht mit seinem rechten Arm unter Ukes rechte Achsel und klemmt den rechten Arm in seiner Armbeuge fest. Dabei zieht er diesen Arm eng vor seinen Oberkörper.

Die Beinstellung wird hier jedoch wie bei Tai-otoshi (siehe Seite 38) vollzogen: Die Beine stehen außerhalb und der linke Fuß deutet in die gleiche Richtung wie Ukes Füße. Das rechte Bein sperrt vor Ukes Beinen. Die Ferse berührt nicht die Matte, das Knie ist gebeugt und zeigt nach unten. Während Tori sich noch weiter eindreht, verstärkt er den Zug an Ukes Ärmel. Er wirft Uke schließlich über sein rechtes Bein.

Tipp:
Der Wurf wird durch Strecken des Beins verstärkt.

Kata-guruma
Schulterrad

7 Tori macht mit rechts einen großen Schritt zwischen Ukes Beine und geht leicht in die Knie. Er greift mit der rechten Hand zwischen Ukes Beine und um das vorn stehende rechte Bein. Mit der linken Hand greift er dessen rechten Arm. Tori greift somit auf nur einer Körperseite Ukes an. Tori zieht Ukes Arm straff in seinen Nacken und stellt Uke auf die Zehenspitzen.

8 Nun hebt Tori Uke mit Schulter-Bauch-Kontakt hoch und wirft ihn über seine Schultern.

Tipp:
Je größer die Körperspannung von Uke ist, umso leichter ist Kata-guruma zu werfen.

9 Die Partnerkontrolle durch das Festhalten des Armes beim Abwerfen von der Schulter ist hier besonders wichtig, damit Uke gut fallen kann.

BEINTECHNIKEN (ASHI-WAZA)

Sicheln

O-soto-gari
Große Außensichel

1 Tori greift mit rechts Ukes Kragen und mit links dessen Ärmel.

Wichtig:
Tori sollte jetzt schon engen Kontakt mit Uke haben, um eine gute Kontrolle über Ukes Körper zu erlangen.

2 Tori zieht Uke nah an sich heran, sodass dieser aus dem Gleichgewicht gebracht wird und das rechte Bein voll belastet ist. Nun schwingt Tori sein rechtes Bein von hinten gegen Ukes belastetes Bein (Beinrückseitenkontakt) und sichelt dieses weg.

3 Um genug Schwung zu haben und Uke zu Fall zu bringen, muss Toris Bein hoch zwischen Ukes Beinen nach hinten durchsicheln.

O-soto-guruma
Großes Außenrad

4 Tori greift mit rechts Ukes Kragen und mit links dessen Ärmel. Er drückt Uke auf dessen rechtes Bein und stellt sein linkes Bein neben Ukes.

Wichtig:
Tori sollte jetzt schon engen Kontakt mit Uke haben, um eine gute Kontrolle über Ukes Körper zu erlangen.

Tori zieht Uke nah an sich heran, sodass dieser aus dem Gleichgewicht gebracht wird. Nun schwingt Tori sein rechtes Bein von hinten gegen beide Beine von Uke und sichelt diese weg.

O-uchi-gari
Große Innensichel

5 Tori fasst mit rechts in Ukes Kragen und mit links dessen Ärmel. Er zieht Uke nah heran. Toris rechte Körperseite hat Kontakt mit Ukes Vorderseite. Tori schiebt sein rechtes Bein zwischen Ukes Beine und sichelt mit diesem Ukes linkes Bein mit Beinrückseitenkontakt weg.

6 Nach dem Fallen liegt Uke mit einem Bein zwischen Toris Beinen.

Tipp:
Die Fußbewegung des sichelnden Beines zeichnet bei der Großen Innensichel einen großen Kreis auf die Matte, während bei der Kleinen Innensichel ein kleiner Kreis »gemalt wird«.

Ko-uchi-gari
Kleine Innensichel

7 Tori fasst mit rechts in Ukes Kragen und mit links dessen Ärmel. Er zieht Uke nah heran, seine rechte Seite hat mit Ukes Vorderseite Kontakt. Er schiebt sein rechtes Bein zwischen Ukes Beine und sichelt mit Fußsohle-Fersen-Kontakt Ukes rechtes Bein weg.

8 Beim Fallen ist die Partnerkontrolle wieder wichtig. Tori kann hier jedoch die Kontrolle über die Kragenhand ausüben und Ukes Ärmel freigeben, sodass Uke auf dieser Seite abschlagen kann.

7

Tipp:
Als Hilfe zum Unterscheiden von Großer und Kleiner Innensichel vergleiche O-uchi-gari (siehe Seite 44).

8

Ko-soto-gari
Kleine Außensichel

9 Tori fasst mit der rechten Hand in Ukes Kragen und mit der linken Ukes rechten Ärmel. Er steht so neben Uke, dass seine Körpervorderseite an Ukes rechter Seite ist (Tori und Uke bilden ein »T«). Nun sichelt Tori mit seinem linken Fuß (Fußsohle-Fersen-Kontakt) das ihm näher stehende rechte Bein Ukes.

Nidan-ko-soto-gari
Hintere Kleine Außensichel

10 Tori fasst mit der rechten Hand in Ukes Kragen und mit der linken Ukes rechten Ärmel. Er steht mit seiner Vorderseite an Ukes rechter Körperseite (Tori und Uke bilden ein »T«). Nun sichelt Tori mit seinem linken Fuß unter Fußsohle-Fersen-Kontakt das von ihm weiter entfernte linke Bein Ukes.

9

10

Fegen

De-ashi-barai
Fußfeger

1 Tori greift mit rechts Ukes Kragen und mit links Ukes Ärmel. Mit dem Fuß auf der Ärmelgriffseite (hier der linke) passt er den Moment ab, in dem Ukes rechtes Bein unbelastet ist.

2 Tori hat seine Fußsohle an Ukes Fußknöchel angesetzt und fegt nun Ukes Fuß zwischen beiden Körpern zur Seite (Fußsohle-Fußknöchel-Kontakt), während er mit seinen Armen zur Unterstürzung eine Art Lenkradbewegung nach links macht.

3 Tori kontrolliert Uke am Ärmel, wenn dieser zu Fall kommt.

Okuri-ashi-barai
Doppelfußfeger

4 Tori fasst mit rechts in Ukes Kragen und mit links den Ärmel. Uke geht mit seinem linken Bein nach links. Tori setzt seine Fußsohle wie bei De-ashi-barai (siehe Seite 46) an Ukes rechte Fußaußenseite (Knöchel) an.

4

5

5 Tori schwingt Ukes rechtes gegen dessen linkes Bein.

6 Durch Lenkradbewegung und Weiterführen von Ukes Beinen bringt Tori ihn zu Fall.

6

O-uchi-barai
Großes Innenfegen

7 Tori greift mit rechts Ukes Kragen und mit links den Ärmel. Uke macht mit dem linken Bein einen Schritt vor.

8 Tori übernimmt diese Bewegung und setzt seine rechte Kniekehle in Ukes Kniekehle.

9 Durch Zug am Kragen fällt Uke in Richtung des gefegten Beins.

Ko-uchi-barai
Kleines Innenfegen

10 Tori greift mit rechts Ukes Kragen und mit links den Ärmel. Uke macht mit dem rechten Bein einen Schritt vor.

11 Tori übernimmt diese Bewegung und setzt seine rechte Fußsohle an Ukes rechten Hacken.

12 Durch Zug am Ärmel kommt Uke zu Fall.

Ko-soto-barai
Kleiner Außenfeger

13 Tori greift mit rechts Ukes Kragen und mit links den Ärmel. Tori steht neben Uke und fegt mit Fußsohle-Fersen-Kontakt.

Ashi-uchi-mata
Bein-Innenschenkelwurf

14 Tori steht vor Uke. Mit der linken Hand hat er Ukes rechten Ärmel gefasst, den er vor seine Brust zieht. Wie Tori mit der rechten Hand fasst, ist ihm bei diesem Wurf frei überlassen (Kragen, Ärmel, Rücken). In diesem Beispiel fasst er auf Ukes Rücken. Er dreht sich ein und steht mit einem Bein außen neben und mit dem anderen Bein zwischen Ukes Beinen.

15 Wenn Tori wirft, wird das außen stehende Bein (links) das Standbein sein. Das Schwung- bzw. Wurfbein (rechts) schwingt Tori nun mit der Beinrückseite an Ukes linke Beinvorderseite und fegt es so nach hinten hoch.

16 Tori schwingt sein Bein so hoch er kann, um Uke vollends vom Boden zu heben und ihn durch gleichzeitige Oberkörperdrehung und Armzug nach vorn zu werfen.

14

15

16

Variante: Khabarelli
»Umgekehrter Uchi-mata«

17 Tori greift mit der rechten Hand an Ukes rechter Kopfseite vorbei über die Schulter in Ukes Gürtel und mit der linken in Kniehöhe in Ukes Hosenbein. Er stellt sein rechtes Bein zwischen Ukes Beine. Das linke Bein steht weiter von Uke entfernt.

18 Tori hebt Uke mit beiden Armen und Kontakt der rechten Oberschenkelvorderseite an Ukes rechter Oberschenkelinnenseite hoch.

19 Tori dreht dann seinen Oberkörper nach rechts hinten. Uke wird immer noch im Oberkörper voll kontrolliert und so gedreht, dass sein Rücken der Judo-Matte zugewandt ist.

20 Tori kommt gleichzeitig mit Uke auf. Er hat immer noch gefasst.

Tipp:
Toris Hand, die auf den Rücken fasst, kann beim Aufkommen unter Uke zu liegen kommen. Das kann schmerzhaft für Tori und Uke werden, daher sollte man bei noch nicht geübtem Uke oder Tori den Wurf erst in eine Weichbodenmatte ausführen.

Harai-tsuri-komi-ashi
Hebezugfußfegen

21 Tori und Uke haben Ärmel und Kragen gefasst. Uke geht rückwärts und Tori folgt.

22 Tori setzt links mit seiner Fußsohle bei Ukes Fußgelenkvorderseite an und drückt ihn gleichzeitig mit seinen Armen nach oben.

Tipp:
Toris Armbewegung sollte bei der Bewegung nach oben enger werden. Das heißt, zu Beginn hat Tori seine Arme auf Schulterbreite, und während er Uke nach oben zieht, drückt er seine Arme zusammen, sodass Ukes Arm dicht an dessen Oberkörper gedrückt wird.

23 Ukes Beine werden schräg nach hinten weggefegt. Tori kontrolliert den Fall wieder über den Griff am Ärmel.

Tipp:
Toris Wurfausführung wird erheblich erleichtert, wenn Uke hier auf seine Körperspannung achtet.

21

22

23

Blockieren

O-soto-otoshi
Großer Außenwurf

1 Tori greift mit rechts Ukes Kragen und mit links dessen Ärmel. Er drückt Uke auf dessen rechtes Bein und stellt sein linkes Bein neben Uke.

Wichtig:
Tori sollte jetzt schon engen Kontakt mit Uke haben, um eine gute Kontrolle über Ukes Körper zu erlangen.

2 Tori zieht Uke nah an sich heran, sodass dieser aus dem Gleichgewicht gebracht wird und sein rechtes Bein mehr belastet. Nun stellt Tori sein rechtes Bein mittig von außen hinter Ukes Beine, sodass beim Rückwärtsgehen Ukes rechtes Bein blockiert wird.

3 Tori dreht mithilfe des Drucks der Kragenhand leicht den Oberkörper und drückt Uke somit über sein blockierendes Bein.

Sasae-tsuri-komi-ashi
Hebezugfußhalten

4 Tori und Uke fassen mit Kragen-Ärmel-Griff und sind einander zugewandt. Tori macht mit dem rechten Bein einen Schritt neben Uke.

5 Wenn Uke dann ebenfalls einen Schritt mit rechts auf Tori zu macht, wirft Tori mit Fußsohle-Schienbein-Kontakt Uke nach vorn. Dabei zieht Tori an Ukes Ärmel.

Tipp:
Tori dreht sich mit, damit er nicht nach hinten umgerissen wird.

6 Durch den Schwung macht Uke eine Rolle vorwärts (Freier Fall) unter der Kontrolle von Toris haltenden Händen (Lenkraddrehung Toris) und kommt schließlich, von Tori am Ärmel kontrolliert, auf der Matte zum Liegen.

Hiza-guruma
Knierad

7 Wie Sasae-tsuri-komi-ashi: Ärmel-Kragen-Griff, Tori stellt seinen rechten Fuß neben Ukes linken Fuß. Dann setzt Tori jedoch mit seiner Fußsohle knapp unter Ukes rechtem Knie an.

7

Ashi-guruma
Beinrad

8 Tori greift mit links Ukes Ärmel. Mit der rechten Hand ist ihm die Entscheidung selbst überlassen, wie er greift (Kragen, Rücken, Nacken). Tori dreht sich ein und steht versetzt vor Uke. Das heißt, sein linkes Bein (Standbein) steht außerhalb, während sich das rechte (Schwungbein) vor Ukes Körper befindet. Tori zieht Uke dicht an seine Seite und hebt das Schwungbein etwas an.

9 Tori wirft mit seiner Beinrückseite in Kniehöhe Uke über sein gestrecktes Bein, während er gleichzeitig eine Oberkörperdrehung vollzieht und, durch den Armzug unterstützt, Uke zu Fall bringt. Uke kommt vor ihm zum Liegen und wird durch den Ärmelgriff kontrolliert.

8

9

O-guruma
Großes Rad

10 Tori greift mit links Ukes Ärmel. Ihm ist die Entscheidung überlassen, wie er mit der rechten Hand greift (Kragen, Rücken, Nacken usw.). Tori dreht sich ein und steht versetzt vor Uke. Das heißt, sein linkes Bein (Standbein) steht außerhalb, während sich das rechte (Schwungbein) vor Ukes Körper befindet. Tori zieht Uke dicht an seine Seite heran und hebt das Schwungbein an.

11 Tori wirft mit seiner Beinrückseite Uke über sein in Hüfthöhe gestrecktes Bein, während er gleichzeitig eine Oberkörperdrehung vollzieht und, durch den Armzug unterstützt, Uke zu Fall bringt. Uke kommt vor ihm zum Liegen und wird durch den Ärmelgriff kontrolliert.

Einhaken

Ko-soto-gake
Kleines äußeres Einhängen

1 Tori fasst mit der rechten Hand in Ukes Kragen und mit der linken Ukes Ärmel. Er steht leicht versetzt vor Uke, sodass er seinen rechten Fuß zwischen Ukes Füßen platzieren kann.

2 Mit dem linken Fuß kommt Tori nun vor und hakt von außen mit seiner Wade und Kniekehle Ukes rechtes Bein ein und zieht es nach hinten weg.

Tipp:
Tori nimmt das Bein, das sich direkt gegenüber seinem linken befindet.

3 Bei der Wurfausführung muss Tori genug Druck nach vorn ausüben, damit Uke rückwärts fällt.

Ko-uchi-gake
Kleines inneres Einhängen

4 Tori fasst mit der rechten Hand in Ukes Kragen und mit der linken Ukes Ärmel. Er setzt seinen linken Fuß außen neben Ukes rechten und hakt mit seiner rechten Wade von innen in Ukes rechte Kniekehle ein. Er wirft Uke, indem er den Oberkörper absenkt und Ukes Bein nach hinten wegzieht.

Selbstfall-techniken (Sutemi-waza)

Gerade Selbstfalltechniken (Ma-sutemi-waza)

Tomoe-nage
Kopfwurf

1 Tori fasst mit rechts in Ukes Kragen und mit links Ukes Ärmel. Nun setzt er seine rechte Fußsohle an Ukes linker Leiste an.

2 Tori setzt sich daraufhin an seine linke Ferse ...

3 und wirft Uke durch Armzug und mithilfe des rechten Wurfbeines über seinen Kopf.

Tipp:
Uke kann besser fallen, wenn er einen großen Schritt neben Toris Schulter macht.

Sumi-gaeshi
Eckenwurf

4 Tori setzt seinen rechten Fußspann an Ukes linke Oberschenkelinnenseite.

5 Tori setzt sich an seine Ferse ...

6 und wirft Uke über seinen Kopf.

Tipp:
Uke kann besser fallen, wenn er einen großen Schritt neben Toris Schulter macht.

4

5

6

Ura-nage
Rückwurf

7 Uke will zu Toris Nacken greifen, dieser legt seine rechte Hand an Ukes Bauch und die linke Hand auf Ukes Rücken.

8 Tori übernimmt Ukes Vorwärtsbewegung und hebt ihn aus.

9 Nun lässt er sich nach hinten fallen und wirft Uke über seine linke Schulter.

7

8

9

Seitliche Selbstfall-techniken Yoko-sutemi-waza

Yoko-tomoe-nage
Seitlicher Kopfwurf

1 Tori stellt sein rechtes Bein seitlich hinter sein linkes, setzt sich eng an die Ferse ...

2 und legt sich seitlich vor Uke. Zeitgleich setzt er seinen linken Fuß an Ukes Gürtelknoten.

3 Uke wird dann durch Strecken des Beines über Toris Kopf geworfen und macht eine Fallübung vorwärts.

Tipp:
Uke kann besser fallen, wenn er einen großen Schritt neben Toris Schulter macht.

Yoko-sumi-gaeshi
Seitlicher Eckenwurf

4 Tori greift mit seiner rechten Hand Ukes rechten Ärmel (Diagonalgriff), mit seiner linken Hand weit auf Ukes Rücken und setzt mit seinem linken Fußspann von innen an Ukes linker Kniekehle an.

5 Dann legt sich Tori seitlich vor Uke und reißt ihn gleichzeitig über seine linke Schulter.

6 Uke fällt seitlich-vorwärts.

Yoko-guruma
Seitenrad

7 Tori will Ura-nage (siehe Seite 60) werfen, Uke blockt.

8 Tori schiebt sein rechtes Bein zwischen Ukes Beine ...

9 und wirft ihn über seine linke Schulter nach vorn.

Yoko-otoshi
Seitfallzug

10 Tori setzt sich vor Uke auf die Matte.

10

11 Tori zieht Uke über sein seitlich gestrecktes linkes Bein.

12 Uke macht eine Fallübung seitlich-vorwärts. Seine Bewegungsrichtung gleicht einer Kurve – zunächst gerade, dann wird er zur Seite geworfen.

11

12

Uki-waza
Rückfallwurf

13 Wie Yoko-otoshi, aber Toris gestrecktes Bein wird gerade vor Uke platziert, sodass dieser gerade nach vorn fällt. Uke bleibt jedoch die ganze Zeit in derselben Bewegungsrichtung.

13

14

15

Tani-otoshi
Talfallzug

14 Toris Körpervorderseite hat Kontakt zu Ukes rechter Körperseite.

15 Tori schiebt sein linkes Bein hinter Uke und drückt ihn über dieses schräg nach hinten um.

Yoko-gake
Seitfußzug

16 Tori wirft Uke mit Fußsohle-Bein-außenseiten-Kontakt, indem er das belastete Bein wegsichelt ...

17 und sich gleichzeitig mit Uke auf die Seite fallen lässt.

Tipp:
Partnerhilfe: Ukes Arm beim Fallen stark hochziehen.

16

17

Yoko-wakare
Seitenriss

18 Tori befindet sich an Ukes rechter Körperseite.

19 Tori lässt sich vor Uke auf die rechte Seite fallen …

20 und zieht Uke über sich hinüber.

Ko-uchi-maki-komi
Kleines Mitfallen

21 Tori stellt sein rechtes Bein zwischen Ukes Beine und greift gleichzeitig mit seiner rechten Hand an Ukes rechte Knieaußenseite (Ellenbogen durchschieben).

22 Tori geht dabei in die Hocke, hängt sich an Ukes rechtes Bein …

23 und drückt Uke nach hinten um.

Soto-maki-komi
Außendrehwurf

24 Tori zieht Ukes linke Schulter in seine rechte Achsel.

25 Tori dreht dann ein (Beinstellung wie bei Tai-otoshi (siehe Seite 38), …

26 hebt Uke mit Beinstreckung hoch und …

27 wirft ihn mit einer halben Rolle vorwärts.

Hane-/Harai-maki-komi
Spring-/Fegedrehwurf

28 Wie Soto-maki-komi, aber das Bein wird wie bei Hane-/Harai-goshi (siehe Seite 30) hochgehoben.

Laats-Abtaucher
Schulterrad im Hürdensitz

29 Tori greift mit der rechten Hand zwischen Ukes Beine und umklammert das vorn stehende rechte Bein. Die linke Hand fasst Ukes rechten Ärmel (Tori greift somit auf einer Körperseite Ukes an). Tori zieht Ukes Ärmel in seinen eigenen Nacken.

30 Während Tori den Zug am Arm verstärkt, setzt er sich vor Uke in den Hürdensitz. Das bedeutet, er kniet rechts und hat das linke Bein gerade von sich gestreckt.

31 Tori kippt mit Uke zur Seite um. Wie eine Last hält er Ukes Bein und auf der anderen Seite Ukes Arm eng um seinen Körper geschlungen, während er weiter zur Seite kippt. Dadurch wird Uke genötigt, eine Rolle zu machen. Durch leichten Schwung wird Uke so über Toris Schulter geworfen und kommt schließlich zu Fall.

Tipps:
Tori hält den Kopf aufrecht (Blick geradeaus), damit Uke nicht versehentlich über dessen Kopf rollt.
Uke kann sich beim Fallen mit der freien Hand abstützen (wie in Bild 30).

29

30

31

Zu den Technikideen

Die folgende Übersicht gibt Auskunft darüber, was die einzelnen Techniken ausmacht. In Fachkreisen wird von der »Technikidee« gesprochen. Die Frage lautet: Woran erkenne ich die einzelne Technikgruppe?

Technikidee Koshi-waza (Hüfttechniken) Seite 25

- Uke (von ihm aus gesehen) nach vorn aus dem Gleichgewicht bringen.
- Tori bringt seinen Rücken an Ukes Bauch.
- Tori bringt seine Hüfte unter die von Uke.
- Tori hebt Uke durch Streckung der Beine aus.

Technikidee Te-waza (Hand-, Arm- und Schultertechniken)
Seite 31

- Te-waza werden in Hand-, Arm- und Schulterwürfe unterteilt, weil Uke entweder mehr mit den Händen, mit Armkontakt oder über die Schulter geworfen wird.

Technikidee Ashi-waza (Beintechniken) Seite 43

Bei den Ashi-waza werden Sicheln, Fegen, Blockieren sowie Einhaken unterschieden.

- **Sicheln:** Das angegriffene Bein steht fest auf der Matte.
- **Fegen:** Das angegriffene Bein ist nur wenig oder gar nicht auf der Matte.
- **Blockieren:** Das angegriffene Bein wird in seiner Bewegung blockiert.
- **Einhaken:** Das angegriffene Bein wird umschlungen.

Technikidee Ma-sutemi-waza (Gerade Selbstfalltechniken) Seite 58

- Tori gibt seinen sicheren Stand auf und bringt seinen fallenden Körper mit in die Wurfbewegung ein.
- Tori liegt gerade vor Uke.

Technikidee Yoko-sutemi-waza (Seitliche Selbstfalltechniken)
Seite 61

- Tori gibt seinen sicheren Stand auf und bringt seinen fallenden Körper mit in die Wurfbewegung ein.
- Tori liegt seitlich neben Uke.

Bodentechniken
Katame-waza

Haltetechniken (Osae-komi-waza)

Kesa-gatame
Schärpe

Hon-kesa-gatame
(Basisschärpe)

1 Toris rechter Arm ist unter Ukes Kopf. Ukes rechter Arm wird unter Toris linker Achsel eingeklemmt. Toris Oberkörper belastet Ukes kurze Rippen. Sein oben liegendes Bein stützt nach hinten, das andere nach vorn ab.

Kuzure-kesa-gatame
(Variierte Schulterschärpe)

2 Wie Hon-kesa-gatame, nur befindet sich Toris rechter Arm unter Ukes linker Schulter.

Makura-kesa-gatame
(Kissenschärpe)

3 Wie Hon-kesa-gatame, nur greift Toris rechte Hand zusätzlich in Kniehöhe ins eigene Hosenbein.

Kata-gatame
(Schulterschärpe)
4 Rechter Arm ist unter Ukes Kopf und greift die eigene linke Hand, rechtes Bein kniet an Ukes Hüfte, das linke Bein ist aufgestellt. Ukes rechter Arm ist zwischen Ukes und Toris Kopf fixiert.

Uki-gatame
(Knievierer)
5 Beide Hände fassen Ukes Kragen, das rechte Schienbein belastet Ukes Oberkörper.

Gyaku-kesa-gatame
(Umgekehrte Schärpe)
6 Wie Kuzure-kesa-gatame, nur blickt Tori zu Ukes Beinen.

4

5

6

Yoko-shiho-gatame
Seitvierer

Yoko-shiho-gatame **(Seitvierer)**
1 Der rechte Arm ist unter Ukes Kopf, der linke Arm zwischen den Beinen und fasst Ukes linken Ärmel.

Mune-gatame **(Brustseitvierer)**
2 Beide Arme umschließen Ukes linken Arm.

Kuzure-yoko-shiho-gatame
(Variierter Seitvierer)
3 Wie bei Mune-gatame, nur wird mit dem linken Arm unter Ukes Kopf gegriffen.

Kata-osae-gatame **(Doppelseitvierer)**
4 Der rechte Arm blockiert Ukes Hüfte, der linke Arm klemmt Ukes Arme an Toris linker Körperseite und wird unter Ukes Kopf geschoben.

Gyaku-yoko-shiho-gatame
(Umgekehrter Seitvierer)
5 Wie bei Gyaku-kesa-gatame (siehe Seite 71), nur wird mit der linken Hand um das Bein gefasst und Ukes Arm wird um Toris Rücken herum gehalten.

Tate-shiho-gatame
Reitvierer

Tate-shiho-gatame
(Reitvierer)
1 Tori sitzt mit angezogenen Beinen auf Ukes Bauch, umfasst mit dem rechten Arm dessen Kopf und klemmt dessen linken Arm zwischen ihren Köpfen ein.

Kuzure-tate-shiho-gatame
(Variierter Reitvierer)
2 Wie Reitvierer, nur wird Ukes Arm unter Toris linken Arm eingeklemmt.

Tate-sankaku-gatame
(Klammerreitvierer)
3 Tori umklammert mit seinen Beinen Ukes Hüfte und ...

4 dreht Uke zum Haltegriff um.

Kuzure-tate-sankaku-gatame
Variierter Klammerreitvierer

1 Tori umklammert mit seinen Beinen Ukes Schulter und Hals und ...

2 kippt Uke zum Haltegriff um.

Kami-shiho-gatame
Oberer Vierer

Kami-shiho-gatame
(Oberer Vierer)
1 Tori greift vom Kopf her unter Ukes Armen hindurch in dessen Gürtel und legt sich mit seinem Oberkörper auf Ukes Oberkörper.

Kuzure-kami-shiho-gatame
(Variierter oberer Vierer)
2 Wie bei Kami-shiho-gatame, aber ein Arm greift von der anderen Seite unter Ukes Arm in dessen Nacken.

Ura-shiho-gatame
(Oberer Armvierer)
3 Uke befindet sich in der Bankposition. Tori greift von hinten beidseitig in Ukes Kragen, geht dann zu Ukes Kopf und dreht ihn auf den Rücken. Abschließend legt Tori sich hinter Ukes Kopf auf den Bauch und schiebt seine Schulter unter Ukes Kopf.

Kami-sankaku-gatame
(Oberer Dreiecksvierer)
4 Uke befindet sich in der Bankposition. Tori greift vom Kopf her mit der rechten Hand in den Gürtel und mit der linken in den Nacken von Uke. Dann schiebt er sein rechtes Knie zwischen Ukes linken Arm und Kopfseite. Mit seiner linken Ferse drückt er sich zwischen Ukes rechtem Arm und Bein hindurch bis zu seinem eigenen Knie.

5 Dann kippt Tori nach links um und zieht Uke am Gürtel zu sich heran. Auf der linken Seite liegend, greift Tori mit der rechten Hand zu Ukes rechtem Arm, zieht ihn nach oben und schließt seine Beine. Dann fixiert er mit dem Gürtel Ukes Arm auf dessen Bauch.

6 Anschließend fasst Tori mit der rechten Hand zu Ukes rechtem Bein und zieht sich daran zum Haltegriff hoch (Beine möglichst geschlossen).

Hebeltechniken (Kansetzu-waza)

Juji-gatame
Kreuzstreckhebel

Nami-juji-gatame
(Kreuzstreckhebel)
1 Toris rechter Fuß ist unter Ukes rechtem Schulterblatt. Die linke Ferse setzt er an Ukes linke Halsseite an. Dann setzt sich Tori an seine rechte Ferse und zieht Ukes rechten Arm zwischen seine Beine. Anschließend hebelt er Ukes Arm, der zwischen seinen Beinen eingeklemmt ist, über seine rechte Leiste.

Tipp:
Ukes Handfläche sollte nach oben zeigen. Es wird über die Leiste in die Richtung gehebelt, in die Ukes kleiner Finger zeigt.

Kami-juji-gatame
(Oberer Kreuzstreckhebel)
2 Bei dieser Variante sind beide Beine über Uke – ein Bein über Ukes Kopf, das andere über Ukes Oberkörper.

Yoko-juji-gatame
(Seitlicher Kreuzstreckhebel)
3 Der Unterschied bei diesem Juji-gatame besteht nur darin, dass Tori auf der Seite liegt.

Gyaku-juji-gatame
(Umgekehrter Kreuz-streckhebel)
4 Tori liegt hierbei auf dem Bauch.

Othen-gatame
(Rollbankhebel)
5 Uke ist in der Bankposition. Tori belastet, von der Seite kommend, Ukes Rücken und stellt das rechte Bein zwischen Ukes rechtes Bein und Arm. Tori holt sich nun mit seinem Arm den rechten Arm von Uke.

6 Tori rollt danach nach vorn rechts über seine Schulter und ...

7 landet in der Juji-gatame-Position, um zu hebeln.

Ude-gatame
Armdrehstreckhebel

Nami-Ude-gatame
(Drehstreckhebel)

1 Tori hält Mune-gatame (siehe Seite 72). Uke will sich befreien, indem er mit dem Arm, den Tori hält, diesen hochdrückt. Tori übernimmt diesen Angriff, zieht Uke auf die Seite, fixiert dessen angreifenden Arm an seiner rechten Halsseite, drückt dann mit beiden Händen Ukes Ellenbogen an sich heran und dreht sich dabei zu Ukes Kopf.

Mune-ude-gatame
(Seitlicher Drehstreckhebel)

2 Tori hält Mune-gatame (siehe Seite 72). Uke will sich befreien, indem er mit dem Arm, den Tori hält, diesen hochdrückt. Tori übernimmt diesen Angriff, indem er Ukes angreifenden Arm an seiner Halsseite fixiert, das linke Bein neben Ukes Kopf stellt und den Druck an Ukes gestrecktem Arm so lange erhöht, bis Uke abschlägt.

Gyaku-ude-gatame
(Umgekehrter Drehstreckhebel)
3 Uke greift zwischen den Beinen an, und Tori dreht sich bei dem Hebel in die Seitenlage.

Hizi-maki-komi
(Nackengriff-Drehstreckhebel)
4 Uke greift im Stand Toris Nacken. Tori greift mit beiden Händen auf Ukes Ellenbogen, führt Uke zu Boden und hebelt Ukes gestreckten Arm.

Kuzure-hizi-maki-komi
(Variierter Drehstreckhebel)
5 Tori will Tomoe-nage (siehe Seite 58) werfen, aber Uke wehrt sich, indem er sich auf Toris Oberkörper abstützt. Tori fixiert Ukes rechten Arm an seiner Halsseite, fasst mit beiden Händen auf dessen Ellenbogen und hebelt, indem er sich nach rechts dreht und Ukes Arm herunterdrückt.

Waki-gatame
Achselstreckhebel

Waki-gatame
(Achselstreckhebel)
1 Uke greift Toris Bankposition vom Kopf her an. Tori fixiert einen Arm von Uke in seiner Achsel und dreht sich zu dieser Seite unter Uke weg.

2 Tori bringt Uke in die Bauchlage, ...

3 dreht sich dann zu Ukes Kopf , legt sich auf Ukes Oberarm und hebt Ukes Unterarm, bis es hebelt.

Gyaku-waki-gatame
(Umgekehrter Achselstreckhebel)
4 Tori hält Gyaku-kesa-gatame (siehe Seite 71). Uke will sich befreien, indem er sich auf den Bauch dreht. Tori übernimmt den angreifenden Arm und hebelt diesen.

Hara-gatame
Bauchstreckhebel

Hara-gatame
(Bauchstreckhebel)
1 Uke befindet sich in der Bank. Tori greift Ukes Arm, zieht ihn auf seine Beine und klemmt ihn mit seinem Bauch ein, bis es hebelt.

Gyaku-hara-gatame
(Umgekehrter Bauchstreckhebel)
2 Wie Gyaku-waki-gatame (siehe Seite 80), nur wird der Arm über den Bauch gestreckt.

Kuzure-hara-gatame
(Variierter Bauchstreckhebel)
3 Aus Gyaku-kesa-gatame (siehe Seite 71).

Kannuki-gatame
Riegelstreckhebel

Kannuki-gatame
(Riegelstreckhebel)
1 Uke greift zwischen den Beinen an. Tori übernimmt den angreifenden Arm und klemmt ihn unter die Achsel. Dann schiebt Tori seinen linken Arm unter Ukes Ellenbogen und greift auf seinen rechten Unterarm, der auf Ukes Schultervorderseite fasst. Durch Heranziehen von Toris linkem Arm und Wegdrücken von Toris rechtem Arm wird Ukes rechter Arm gehebelt.

Mune-kannuki-gatame
(Seitlicher Riegelstreckhebel)
2 Aus Mune-gatame (siehe Seite 72).

Kami-kannuki-gatame
(Oberer Riegelstreckhebel)
3 Aus Kami-shiho-gatame (siehe Seite 74).

Ryo-kannuki-gatame
(Doppelter Riegelstreckhebel)
4 Aus Tate-shiho-gatame (siehe Seite 73). Es werden beide Arme gehebelt.

Kuzure-kannuki-gatame
(Variierter Riegelstreckhebel)
5 Aus Kesa-gatame (siehe Seite 70).

Ashi-gatame
Beinstreckhebel

Hiza-gatame
(Kniestreckhebel)
1 Uke greift Tori zwischen den Beinen an. Tori fixiert Ukes Unterarm auf seine Oberkörperseite und drückt mit seinem Knie auf Ukes Ellenbogen.

Ashi-gatame
(Beinstreckhebel)
2 Uke ist in der Bankposition, und Tori fängt sich mit dem Bein einen Arm von Uke.

Kami-hiza-gatame
(Oberer Kniestreckhebel)
3 Tori greift Uke in der Bauchlage vom Kopf her an.

Yoko-hiza-gatame
(Seitlicher Kniestreckhebel)
4 Tori greift Uke in der Bauchlage von der Seite her an.

Ryo-hiza-gatame
(Doppelter Kniestreckhebel)
5 Tori hält Tate-shiho-gatame (siehe Seite 73), Uke will würgen (siehe Seite 88), aber Tori bekommt die Arme unter Kontrolle.

Kesa-ashi-gatame
(Schärpen-Beinhebel)
6 Uke will sich aus Kesa-gatame (siehe Seite 70) befreien.

Ude-garami
Armbeugehebel

Ashi-garami
(Beinbeugehebel)
1 Uke befindet sich zwischen Toris Beinen und will mit der rechten Hand zu dessen Kragen greifen. Tori greift mit links Ukes angreifenden Arm, dreht diesen und legt ihn auf Ukes Rücken fest (Polizeigriff). Mit der rechten Hand greift Tori über Ukes rechte Schulter und zieht dessen Arm in Richtung Kopf.

Kesa-ashi-garami
(Schärpen-Beinbeugehebel)
2 Tori hält Hon-kesa-gatame (siehe Seite 70). Uke reißt seinen rechten Arm los. Diesen übernimmt Tori und klemmt den Unterarm in seine Kniekehle ein (Handaußenkante ist am Bein). Durch Heranziehen des Unterschenkels tritt die Hebelwirkung ein.

Gyaku-kesa-ashi-garami
(Umgekehrter Beinbeugehebel)
3 Tori hält Gyaku-kesa-gatame (siehe Seite 71). Uke befreit seinen rechten Arm. Der Unterarm wird unter dem rechten Oberschenkel fixiert. Der Hebel tritt durch Absenken des Beines ein und kann durch Anheben des linken Beines verstärkt werden.

Waki-garami
(Achselbeugehebel)
4 Wie Waki-gatame (siehe Seite 80), aber der gehebelte Arm ist gebeugt.

Gyaku-waki-garami
(Umgekehrter Achselbeugehebel)
5 Wie Gyaku-waki-gatame (siehe Seite 80), aber der gehebelte Arm ist gebeugt.

Hara-garami
(Bauchbeugehebel)
6 Wie Hara-gatame (siehe Seite 81), aber der gehebelte Arm ist gebeugt.

Gyaku-hara-garami
(Umgekehrter Bauchbeugehebel)
7 Wie Gyaku-hara-gatame (siehe Seite 81), aber der gehebelte Arm ist gebeugt.

Würgetechniken (Shime-waza)

Juji-jime
Kreuzwürgen

Nami-juji-jime
(Kammkreuzwürgen)
1 Tori greift mit gekreuzten Unterarmen (die Daumen sind innen) weit in Ukes Kragen. Durch Strecken der Handgelenke erfolgt der Würger.

Kata-juji-jime
(Mischkreuzwürgen)
Wie Nami-juji-jime, nur befindet sich ein Daumen innen und der andere außen.

Gyaku-juji-jime
(Ristkreuzwürgen)
Wie Nami-juji-jime, nur befinden sich beide Daumen außen.

Yoko-juji-jime
(Seitliches Kreuzwürgen)
2 Wie Nami-juji-jime, nur liegt Tori seitlich.

Tomoe-jime
(Kreiswürgen)
3 Uke ist zwischen Toris Beinen. Tori greift mit beiden Händen (rechte muss oben sein) in Ukes linken Kragen.

4 Tori legt, ohne loszulassen, den rechten Arm um Ukes Kopf herum an dessen linke Halsseite.

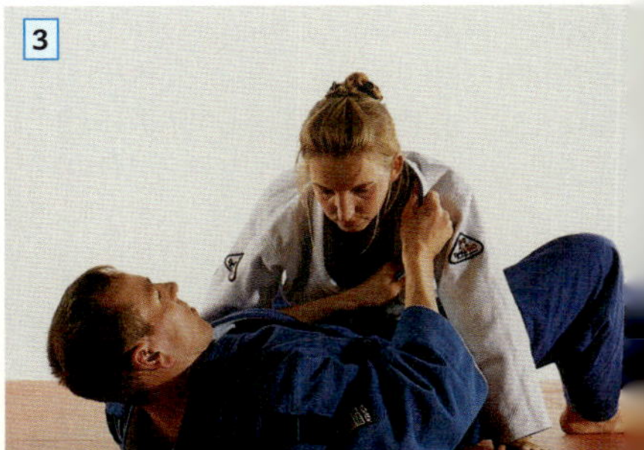

1

Okuri-eri-jime
Kragenwürgen

Okuri-eri-jime
(Kragenwürgen)
1 Toris linke Hand greift von hinten unter Ukes linken Arm hindurch in dessen rechten Kragen. Die rechte Hand greift um Ukes Hals herum weit in dessen linke Kragenseite.

Gyaku-okuri-eri-jime
(Umgekehrtes Kragenwürgen)
2 Dasselbe, nur erfolgt Toris Angriff vom Kopf her. Begonnen wird in der Bauchlage oder Bankposition.

2

Ryote-jime
Doppelristwürgen

Ryote-jime
(Doppelristwürgen)
1 Tori greift in Halshöhe parallel in Ukes Kragen und presst die Fingerknöchel gegen Ukes Halsseiten.

Maki-komi-jime
(Drehwürgen)
2 Ein Daumen ist innen, der andere außen, die Finger sollten sich in Ukes Nacken berühren können.

Kensui-jime
(Fallristwürgen)
3 Uke hält Yoko-shiho-gatame (siehe Seite 72). Tori greift mit beiden Händen parallel zum Kragen. Dann hebt er sein Bein und legt den Unterschenkel in Ukes Genick.

Kami-shiho-ryote-jime
(Oberes Vierer-Ristwürgen)
4 Uke hält Kami-shiho-gatame (siehe Seite 74). Tori greift von unten parallel in den Kragen.

Ashi-jime
Bein- und Fußwürgen

Ashi-jime
(Beinwürgen)
1 Uke wehrt sich gegen Juji-gatame (siehe Seite 76). Tori drückt mit beiden Fußgelenken gegen Ukes Halsschlagadern.

Kagato-jime
(Fußwürgen)
2 Tori greift mit beiden Händen parallel Ukes Kragen. Uke hebt mit seinem linken Arm Toris rechtes Bein hoch. Tori übernimmt diesen Angriff und setzt mit seinem Fußspann an Ukes rechter Halsseite an. Er würgt, indem er Ukes Hals gegen sein Fußgelenk zieht.

Kami-shiho-ashi-jime
(Oberes Vierer-Beinwürgen)
3 Uke hält Kami-shiho-gatame (siehe Seite 74). Tori greift mit der rechten Hand zu seinem hochgehobenen Fuß und mit seiner linken Hand unter Ukes Hals auf seinen rechten Arm.

Sankaku-jime
(Dreieckswürgen)
4 Uke hebt mit seinem linken Arm Toris rechtes Bein hoch. Tori übernimmt diesen Angriff und legt sich seitlich vor Uke. Er legt seinen rechten Unterschenkel in Toris Nacken und fixiert das Fußgelenk in seiner linken Kniekehle.

Hadaka-jime
Freies Würgen

Hadaka-jime
(Freies Schränkwürgen)
1 Tori greift mit seinem rechten Arm um Ukes Hals und klemmt die Hand in seine linke Armbeuge. Toris linker Handrücken liegt in Ukes Nacken.

Ushiro-jime
(Freies Würgen)
2 Tori greift mit seiner rechten Hand um Ukes Hals in seine linke Hand.

Sode-jime
(Ärmelwürgen)
3 Uke befindet sich zwischen Toris Beinen. Tori greift mit seinem rechten Arm um Ukes Kopf und mit seiner rechten Hand in den eigene linken Ärmel. Dann schiebt er die linke Hand an Ukes Halsseite.

Tipp:
Tori sollte sich, bevor er würgt, auf die rechte Seite drehen.

1

2

3

Kata-ha-jime
Hinteres Schulterwürgen

Kata-ha-jime
(Hinteres Schulterwürgen)
1 Wie Okuri-eri-jime (siehe Seite 87), nur greift Uke mit der linken Hand zu Toris Kopf. Tori übernimmt diese Bewegung, greift mit seinem linken Arm um den angreifenden Arm herum und schiebt seinen Handrücken in Ukes Nacken.

1

Kaeshi-jime
(Gegenangriff-Schulterwürgen)
2 Uke befindet sich in der Bankposition. Tori greift von Ukes Kopf her mit seiner rechten Hand zwischen Ukes linkem Arm und linker Kopfseite in den rechten Kragen. Seine linke Hand schiebt er unter Ukes rechten Arm und legt die Handrückseite in Ukes Nacken. Dann dreht Tori Uke nach links in die Rückenlage, indem er seinen Kopf zwischen Ukes rechtem Bein und Arm hineindrückt. Tori macht mit Uke eine Drehung, bis Uke auf dem Rücken und Tori auf dem Bauch liegt. Nun hebt Tori seinen linken Arm und verstärkt den Zug des rechten Armes.

2

Gyaku-kaeshi-jime
(Umgekehrtes Gegenangriff-Schulterwürgen)
3 Wie Kaeshi-jime, nur zieht Tori Uke nach rechts in die Rückenlage, ohne sich selber zu drehen.

3

Othen-jime
(Rollbankwürgen)
4 Uke befindet sich in der Bankposition. Tori greift von der Seite mit seiner linken Hand in Ukes rechten Kragen und mit seinem rechten Arm um Ukes rechtes Bein herum.

5 Dann macht Tori eine Rolle vorwärts, indem er seinen Kopf zwischen Ukes rechten Arm und rechtes Bein schiebt.

6 In der sitzenden Position angekommen, greift Tori weiter um Ukes Bein in seinen rechten Kragen und legt sich dann zurück, bis es würgt.

4

5

6

Kata-te-jime
Einhandwürgen

Kata-te-jime
(Einhandwürgen)
1 Tori hält Kuzure-kesa-gatame (siehe Seite 70) und greift mit seiner linken Hand in Ukes linken Kragen.

Ebi-jime
(Krebswürgen)
2 Tori ist zwischen Ukes Beinen und greift mit seinem rechten Arm um Ukes linkes Bein in dessen rechten Kragen.

Hasami-jime
(Scherenwürgen)
3 Uke ist in der Bauchlage. Tori greift mit seiner linken Hand in Ukes rechten Kragen. Dann steigt er mit seinem linken Bein über Ukes Kopf und zieht den Kragen hoch.

Tsuki-komi-jime
(Stützwürgen)
4 Tori greift mit beiden Händen parallel in Ukes Kragen und drückt eine Hand gegen Ukes Hals. Die andere zieht er entgegengesetzt.

Zu den Technikideen

Die folgende Übersicht gibt Auskunft darüber, was die einzelnen Techniken ausmacht. In Fachkreisen wird von der »Technikidee« gesprochen. Die Frage lautet: Woran erkenne ich die einzelne Technikgruppe?

Technikidee Osae-komi-waza (Haltetechniken) Seite 70

Beim Halten werden vier Prinzipien unterschieden:

- Halten von der Seite im Sitzen.
- Halten von der Seite auf dem Oberkörper.
- Halten mit Daraufsitzen.
- Halten vom Kopf her (oben).

Technikidee Juji-gatame (Kreuzstreckhebel) Seite 76

- Ukes Arm wird zwischen Toris Beinen eingeklemmt.
- Ukes Arm wird über Toris Leiste gehebelt, indem Ukes Arm herangezogen und die Hüfte angehoben wird.

Technikidee Ude-gatame (Armdrehstreckhebel) Seite 78

- Die Innenseite des Unterarms wird an Toris Halsseite eingeklemmt.
- Tori drückt und verdreht (in Richtung von Ukes Kopf) mit beiden Händen Ukes Ellenbogen.

Technikidee Waki-gatame (Achselstreckhebel) Seite 80

- Ukes Oberarm wird in Toris Achsel eingeklemmt.
- Tori zieht Ukes Unterarm in Richtung seiner Schulter.

Technikidee Hara-gatame (Bauchstreckhebel) Seite 81

- Ukes Ellenbogen wird auf Toris Bauchmitte gelegt.
- Ukes Arm wird *entweder*
  - zwischen Toris Beinen und Bauch gehebelt *oder*
  - mithilfe einer Hand über Toris Bauch gezogen.

Technikidee Kannuki-gatame (Riegelstreckhebel) Seite 82

- Ukes Arm wird gestreckt gehalten. Toris Unterarm wird unter Ukes Ellenbogen geschoben.
- Tori legt eine Hand auf seinen anderen Arm.
- Gehebelt wird durch Druck gegen Ukes Ellenbogen.

Technikidee Ashi-gatame (Beinstreckhebel) Seite 83

- Zu dieser Gruppe gehören alle Hebel, bei denen Ukes Arm mit oder über ein Bein von Tori gehebelt wird.

Technikidee Ude-garami (Armbeugehebel) Seite 84

- In dieser Gruppe finden sich alle bisher erwähnten Hebelgruppen, nur dass der Arm jetzt gebeugt gehebelt wird.

- Vorsicht: Die Hebelwirkung kann sehr plötzlich eintreten!

Technikidee Juji-jime (Kreuzwürgen) Seite 86

- Wie der Name schon sagt, werden Toris Arme über Kreuz gehalten.
- Gewürgt wird mit den Handkanten oder Handgelenken gegen Ukes Halsseite (Halsschlagader).

Technikidee Okuri-eri-jime (Kragenwürgen) Seite 87

- Tori würgt unter Zuhilfenahme von Ukes Kragen.

Technikidee Ryote-jime (Doppelristwürgen) Seite 88

- Toris Arme/Hände sind parallel zueinander.
- Gewürgt wird durch Zusammendrücken von Toris Unterarmen oder Ukes Kragen.

Technikidee Ashi-jime (Bein- und Fußwürgen) Seite 89

- Zu dieser Gruppe gehören alle Würger, die überwiegend mit einem Bein oder Fuß durchgeführt werden.

Technikidee Hadaka-jime (Freies Würgen) Seite 90

- Tori würgt ohne Zuhilfenahme von Beinen, Füßen und Kragen, sondern nur mit seinem Unterarm oder Ärmel.

Technikidee Kata-ha-jime (Hinteres Schulterwürgen) Seite 91

- Wie Okuri-eri-jime (siehe Seite 87), aber ein Handrücken greift hinter Ukes Nacken.

Technikidee Kata-te-jime (Einhandwürgen) Seite 93

- Tori würgt »nur« oder »überwiegend« mit einer Hand.

Zwischen den Standtechniken

Griff

Der Griff (Kumi-kata = Form des Greifens) ist beim Judo von entscheidender Bedeutung. Jede Technik hat einen individuellen Griff, mit der sie ausgeführt wird. Der Standardgriff ist an Kragen und Ärmel. Es ist erlaubt, überall zuzufassen, außer in die Innenseite des gegnerischen Judo-Anzugs, dessen Kopf, Finger oder Genitalbereich. Dies sind die üblichen Griffarten:

Einseitig (z. B. linker Ärmel und Kragen)

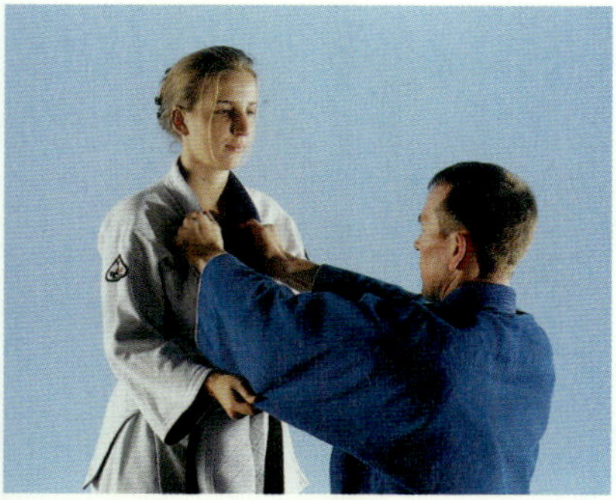

Doppelrevers oder Doppelärmel

Nacken-, Ärmelgriff

Kragen-, Ärmelgriff (Standardgriff)

Rücken-, Ärmelgriff

Beingriff

Eingänge

Als Eingänge (oder auch Platzwechsel) bezeichnet man die Schrittfolge, die Tori in Wurfposition bringt. Folgende Fachbegriffe werden verwendet:

Kodokan

Während Tori vorwärts geht, stoppt er Ukes Bewegung mit einem Stemmschritt und dreht dann ein. »Halber Kodokan« nennt man das Eindrehen von Toris eigener Seitwärtsbewegung **(1+2)**.

Pulling out

Tori dreht aus seiner Rückwärtsbewegung mit seinem linken Bein heraus, sodass seine Füße entgegengesetzt zeigen **(3)**. Dann zieht er das andere Bein nach und steht beim Wurf parallel **(4)**.

Step-in

Tori macht einen Schritt zwischen Ukes Füße, dann stellt er das entfernte Bein heran und wirft mit dem ersten Bein **(5 + 6)**.

Direkter Eingang

Tori macht nur *einen* Schritt und vollzieht den Wurfansatz **(7 + 8)**.

Kawaeshi

Tori geht einen Schritt zur Seite und täuscht vor, z. B. links werfen zu wollen. Durch eine Körperdrehung vollzieht er jedoch zur anderen Seite den Wurf **(9–11)**.

Von außen

Es ist üblich, von innen (zwischen den Armen von Uke) einzudrehen. Von außen heißt also, dass Tori von außen (z. B. unter seinem Arm) in den Wurf eintaucht (ohne Bild).

9

10

11

Kombination

Von einer Kombination wird dann gesprochen, wenn zwei Würfe miteinander verbunden werden. Das ist der Fall, wenn Uke sich gegen den ersten Angriff Toris verteidigt und Tori ein zweites Mal angreift. Es können auch zwei gleiche Würfe miteinander kombiniert werden.

Verkettung

Von einer Verkettung wird gesprochen, wenn mindestens drei Techniken miteinander verbunden werden.

Spezialtechnik

Die Spezialtechnik ist von Judoka zu Judoka unterschiedlich. Sie wird als solche bezeichnet, weil sie von dem entsprechenden Judoka auch trotz Gegenwehr des Gegners sehr gut ausgeführt wird. Sie muss daher gewissenhaft gewählt werden und sich vor allem an dem Können, den Vorlieben und dem Kampfstil des einzelnen Judoka orientieren. Es ist natürlich erst nach jahrelanger Judo-Grundausbildung und nicht bereits im Kindesalter mit einer Spezialisierung zu beginnen. Denn dem schnellen Sieg im Kindesalter stehen schwere Nachteile entgegen:

- Monotone Bewegungen für den sich im Wachstum befindlichen Körper.
- Geringere Abwechslung im Training.
- Schlechteres Technikrepertoire, wenn die Techniken anspruchvoller werden.
- Passiver Kampfstil, da nur eine Technik gut beherrscht wird.
- Festlegen auf eine Technik, bevor der Überblick über alle Technikgruppen gegeben ist.
- Spätere Enttäuschungen, wenn die Spezialtechnik den Gegnern bekannt sind.

Verteidigung

Während der Verteidigung gegen einen Angriff wird aus Tori, dem Werfenden, unter Umständen Uke, der Geworfene. Um die folgenden Möglichkeiten der Verteidigung übersichtlicher zu gestalten, wird in den anschließenden Unterpunkten von dem »Angreifer« und dem »Verteidiger« gesprochen. Man unterscheidet folgende Verteidigungsarten:

1. Vorahnen

In Fachkreisen spricht man vom »Antizipieren«. Es ist das Können, aus Erfahrung zu erahnen, dass der Gegner angreifen wird, oder sogar zu wissen, mit welcher Technik er angreifen will. Das heißt, Uke plant bereits die Verteidigung, bevor er überhaupt angegriffen wurde. Dafür stehen folgende Formen zur Verfügung:

- Ändern der Bewegungsrichtung.
- Ändern des Tempos.
- Ändern der Griffart.
- Ändern der Körperhaltung.

2. Ausweichen

Der Angreifer ist kurz davor, den Wurf anzusetzen (1), der Verteidigende weicht jedoch aus, sodass der Angreifer nicht näher an ihn herankommt (2).

3. Übersteigen

Der Angreifer kann seinen Wurf zwar ansetzen, der Verteidiger steigt jedoch über den angreifenden Körperteil, sodass es nicht zum Wurf kommt (3).

4. Blocken

Der Angreifer kann seinen Wurf ansetzen. Ausweichen oder Übersteigen ist als Verteidigung nicht mehr möglich. In dieser fortgeschrittenen Wurfphase kann der Verteidiger blocken (4).

- Er senkt seinen Schwerpunkt (Hüfte) ab, »geht in die Knie« und bewegt sich entgegen der Wurfrichtung des Angreifers durch Entgegendrehen der Hüfte,
- zudem zieht er Uke an sich heran oder er
- kann den Griff von Uke lösen.

5. Abdrehen

Der Angreifer kommt zum Wurf. Das Gleichgewicht des Verteidigers ist gebrochen, aber der Verteidigende kann als letzte Möglichkeit noch steuern, wie er auf der Matte aufkommt. Denn es gilt: Je weniger man mit der Rückseite des Körpers auf der Matte aufkommt, desto niedriger ist die Punktzahl für den Gegner. Kommt man nach einem Wurf z. B. auf dem Bauch (Vorderseite des Körpers) auf, bekommt der Werfende keinen einzigen Punkt. Das ist das Ziel des »Abdrehens in die Bauchlage« (5 + 6).

4

5

6

6. Abstützen

Der Geworfene stützt sich, bevor sein Körper auf der Matte aufkommt, mit einer oder beiden Händen ab, um nicht zu Fall gebracht zu werden. Diese Technik ist aber erst für höhere Gürtelstufen zu empfehlen, da die Verletzungsgefahr sehr hoch ist (ohne Bild).

Konter

Als Konter bezeichnet man die Übernahme des gegnerischen Angriffs für die Durchführung einer eigenen Technik. Es wird zwischen dem »direkten« und dem »indirekten« Konter unterschieden. Als direkten Konter bezeichnet man das sofortige Aufnehmen der Bewegung Ukes in die eigene Technik. Beim indirekten Konter wird der Wurfansatz z. B. durch Blocken verhindert und diese Bewegung anschließend für einen eigenen Wurf ausgenutzt **(1 + 2)**.

Finte

Eine Finte ist ein Täuschungsmanöver. Es werden die wesentlichen Körperbewegungsrichtungen eines Angriffs eingelenkt, aber nicht durchgeführt (1). Dadurch erhofft sich der Fintierende, dass sein Gegner eine Verteidigungsbewegung eröffnet, um diese dann zu übernehmen (2).

Partnerkontrolle

Der fallende Partner wird am Ärmel oder Kragen herangezogen, damit er einerseits nicht zu hart auf dem Boden aufkommt und andererseits kontrolliert werden kann, um ein Nachgehen in die Bodenlage besser zu ermöglichen. Es ist für eine Judo-Demonstration (Kata, siehe Seite 120) üblich, als Werfender (Tori) den Oberkörper gerade zu halten und mit den Knien leicht in die Beuge zu gehen. Dabei hält Tori mit beiden Händen Ukes Arm fest (1). Für wettkampfnahes Trainieren ist auch ein kontrolliertes Abbeugen und ein Nichtlösen des Wurfgriffs möglich (2).

Übergänge

Unter »Übergang« versteht man, nach einer Standtechnik den Gegner in der anschließenden Bodenlage mit Halten, Hebeln oder Würgen zu überwältigen. Unterschieden wird zwischen dem »direkten« und dem »indirekten« Übergang.

Beim direkten Übergang führt Tori eine Wurftechnik aus und fügt sofort eine Bodentechnik an.

Beim indirekten Übergang hat Tori nicht die Absicht zu werfen, sondern er dreht Uke mit einer Technik in die Bodenlage, um dann erst eine bewertbare Technik (Haltegriff, Hebel oder Würger) anzusetzen. Dies ist sowohl als eigener Angriff als auch als Reaktion auf einen Angriff (wie im Beispiel) möglich.

1 Tori wirft De-ashi-barai (siehe Seite 46).

2 Tori nimmt seinen rechten Fuß unter Ukes rechtes Schulterblatt und belastet Ukes Oberkörper mit seinem rechten Schienbein.

3 Tori setzt dann sein linkes Bein über Ukes Kopf, setzt sich dicht an Ukes rechte Schulter, zieht Ukes rechten Arm zwischen seine Beine, legt sich auf den Rücken und hebelt mit Juji-gatame (Seite 76).

Direkter Übergang:
Tori De-ashi-barai
➔ Tori Juji-gatame

4 Uke will De-ashi-barai (siehe Seite 46) werfen.

5 Tori hebt das Bein an Ukes Hüfte...

6 und zieht Ukes Arm zwischen seine Beine, ...

7 kippt Uke um und schließt dann mit Juji-gatame (siehe Seite 76) ab.

Indirekter Übergang:
Uke De-ashi-barai
→ Tori Juji-gatame

Indirekter Übergang:

8 Tori greift mit seiner rechten Hand Ukes linken Ärmel und mit der linken Hand auf Ukes Rücken.

9 Tori drückt Ukes Arm zwischen Ukes Beine.

10 Dann zieht Tori Uke über sich und geht in einen Angriff über.

Handlungskomplex

Ein Handlungskomplex ist ein System, das die idealen Kombinationen und Verkettungen um eine »Spezialtechnik« eines Kämpfers für die zielgerichtete Vorgehensweise in einer kämpferischen Auseinandersetzung aufzeigt.

Übergang
z.B Mune-gatame

Übergang
Gyuaku-kesa-gatame

Übergang
Kuzure-kesa-gatame

Nebentechnik
O-uchi-gari

Nebentechnik
Ko-uchi-maki-komi

Nebentechnik
Soto-maki-komi

Ausweichen

Übersteigen

Blockieren

Übergang
uji-gatame

Spezialtechnik
Tai-otoshi (einseitig)

Nebentechnik
Ko-uchi-gari

Übergang
z. B. Hon-kesa-gatame

Situation nutzen
Uke steht ideal für den Spezialwurf

Situation schaffen
Uke steht nicht ideal für den Spezialwurf (Ko-uchi-gari)

Kombination/Finte

Grifftechnik
Linken Ärmel anbieten und umfassen zum rechten Ärmel von Uke

Handlungsrepertoire

Als das Handlungsrepertoire eines Judokas bezeichnet man alle seine Techniken, die er für den Wettkampf plant und die in einer Verbindung zueinander stehen.

1

Hauptübungsformen sind:

Kata: Eine vorher mit dem Partner festgelegte »Form« der Demonstration.

Randori: Übungskampf zum Ausprobieren der erlernten Techniken – von partner- spielerischen bis hin zu wettkampfnahen Formen.

Shiai: Der Wettkampf. Man unterscheidet hier Meisterschaften (vom Verband festgelegte Norm) und Turniere (individuell an den Teilnehmern orientierte Wettkämpfe).

Nebenübungformen sind:

1 Basis-uchi-komi: Das bewusste Einüben des »Gleichgewichtsbrechens«. Hier stehen beide voreinander, sind in Griffhaltung, und einer zieht den anderen mit nur geringem Widerstand über die Matte. Große Beachtung wird Armzug, Beinhaltung und Körperkontakt geschenkt.

Uchi-komi: Ein bestimmter Wurf ist vorher mit dem Partner vereinbart. Tori darf diesen dann zwar eindrehen und aushebeln, aber nicht werfen.

2 **Tandoku renshu:** Eine Art »Schattenboxen«. Ohne Partner werden Wurfbewegungen geübt.
Yaku-soku-geiko: Aus der freien Bewegung werfen sich beide Partner abwechselnd.
Nage-komi: Uke wird aus einer isolierten Situation meist mehrmals hintereinander geworfen.
Kakari-geiko (mehrere Durchgänge): Ein Judoka bleibt nach abgelaufener Randorizeit auf der Matte und bekommt ständig ausgeruhte Partner.
Butsukari-geiko: Einen stark verteidigenden, körperlich überlegenen Partner bis zur Erschöpfung angreifen.

Strategie und Taktik

Unter **Strategie** versteht man einen für den Wettkampf erarbeiteten Verhaltensplan unter Einkalkulierung der eigenen und gegnerischen Stärken und Schwächen sowie der Wettkampfregeln, um den Sieg für sich zu erstreiten.
Unter **Taktik** versteht man, die Strategie so umzusetzen, dass jede mögliche Situation im Wettkampf mit einbezogen wird. Sie setzt voraus, dass der Judoka mit theoretischem Vorwissen – überlegtem Einsatz der eigenen Kräfte, ausreichendem Wissen über die Wettkampfregeln, Erkennen des rechtzeitigen Zeitpunkts zum Stören des gegnerischen Aufbaus – taktisch so umzugehen weiß, dass ein Vorteil für ihn entsteht.

Zwischen den Bodentechniken

Verteidigungspositionen und Angriffssituationen

Man unterscheidet Verteidigungspositionen und Angriffssituationen:

Verteidigungspositionen sind:

- Bankposition
- Bauchlage
- Rückenlage
- Seitenlage
- Beinklammer
- Hüftklammer
- Kniestand

Angriffssituationen sind:

- Vom Kopf
- Von der Seite
- Von hinten
- Von oben
- Zwischen den Beinen

Einige Beispiele sollen die Positionen verdeutlichen.

Beispiele für Tori in der Oberlage

Bank, vorn → Gürtel-Arm-Brust-Umdreher

1 Tori greift Uke, der sich in der Bankposition befindet, vom Kopf her an. Mit der linken Hand greift Tori auf den Gürtel. Mit der rechten Hand greift er zwischen Ukes linken Arm und Ukes linke Oberkörperseite auf seinen eigenen Arm.

2 Dann wandert Tori zu Ukes linker Seite und drückt Uke zum Mune-gatame (siehe Seite 72) um.

Bauch, vorn → Ellenbogen-Brust-Umdreher

1 Tori greift Uke, der sich in der Bauchlage befindet, vom Kopf her an. Er kniet über Ukes Kopf und greift mit der rechten Hand unter Ukes linken Ellenbogen. Dann zieht er den Ellenbogen hoch, und die rechte Hand übernimmt diesen.

2 Tori rutscht zu Ukes linker Seite und drückt mit dem Brustbein gegen den linken Arm. Nun zieht er mit dem rechten Arm an Ukes linkem Hosenbein zum Kuzure-yoko-shiho-gatame (siehe Seite 72).

Rücken, zwischen → Knie-Umdrücker

1 Tori befindet sich zwischen Ukes Beinen und hat beide Knie von Uke gegriffen. Er drückt mit seiner linken Hand Ukes rechtes Bein um.

2 Tori steigt mit seinem linken Bein über Ukes rechtes Bein und kontrolliert weiterhin mit seiner rechten Hand Ukes linkes Bein (Gefahr: Beinklammer, siehe Seite 116) und hält dann zum Beispiel Kesa-gatame (siehe Seite 70).

Seitenlage, Seite
→ Armfangen

1 Tori hat geworfen. Uke liegt auf der Seite und will sich auf den Bauch drehen. Tori »fängt« mit seiner rechten Hand Ukes rechten Arm. Toris Handgelenkinnenseite befindet sich in Ukes Armbeuge, er streckt seinen Daumen als Wiederhaken und drückt seinen Ellenbogen in Ukes Rücken.

2 Tori greift mit seiner rechten Hand ein Gürtel- oder Jackenende und umschlingt Ukes eingefangenen Arm.

3 Tori setzt sich rechts neben Uke und drückt mit seiner linken Oberkörperseite auf den umschlungenen Arm. Er schließt mit Haltegriff ab.

1

2

3

Doppelte Beinklammer, zwischen ➜ Festhalten

Befindet sich Ukes rechtes Bein zwischen Toris Beinen, nimmt Tori als Erstes sein linkes Bein über Ukes rechtes Bein und unter sein rechtes Bein (einfache Beinklammer). Dann schiebt er seinen linken Fuß unter Ukes eingeklemmten Fuß, streckt beide Beine und legt ihn durch Umklammern völlig ruhig (ohne Bild).

Beinklammer, zwischen ➜ Befreiung

1 Uke hat Toris rechtes Bein zwischen seinen Beinen doppelt geklammert. Tori greift mit seinem linken Arm unter Ukes Kopf und drückt mit seiner linken Schulter gegen Ukes Kinn (zur Ablenkung).

2 Tori hebt seinen rechten Unterschenkel an und setzt ihn nach Befreiung aus der ersten Klammer auf die Matte. Dann streckt er sein rechtes Bein und drückt mit seiner rechten Hand Ukes Beine unter seine Knie.

3 Tori stützt sich mit seiner rechten Hand nach vorn auf der Matte ab. Mit seinem Gesäß kommt er hoch, schiebt sein linkes, angezogenes Bein zwischen Uke und sich hindurch und legt sein linkes Schienbein auf Ukes Hüfte ab. Nun streckt Tori seinen rechten, eingeklemmten Fuß, zieht ihn aus Ukes Beinen heraus und kommt zum Haltegriff.

Beispiele für Tori in der Unterlage

Bank, Seite
→ »Schweinerolle«

1 Uke, der sich in der Bankposition befindet, greift Tori von der Seite an. Er greift mit seinem rechten Arm in Toris rechten Kragen. Tori klemmt mit seinem rechten Arm Ukes Arm ein und zieht ihn dann nach rechts herum und über sich hinüber.

2 Tori hält Gyaku-yoko-shiho-gatame (siehe Seite 72).

Bank, vorn
→ Waki-gatame

(Siehe Seite 80).

1 Tori befindet sich in der Bankposition. Uke greift vom Kopf her mit beiden Armen um Toris Bauch. Tori klemmt einen Arm Ukes in seiner Achsel ein und dreht sich seitwärts unter Uke weg, sodass dieser auf dem Bauch liegt. Dann setzt Tori sich an Ukes Seite, belastet dessen Schulter und hebelt den Arm durch Zug nach oben.

Rücken, zwischen → Juji-gatame

1 Uke befindet sich zwischen Toris Beinen. Tori fixiert Ukes rechten Arm auf seinen Bauch, greift dann mit seiner rechten Hand zur linken Kniekehle von Uke und hebt seine Beine samt Hüfte hoch.

2 Tori zieht sich mit seinem Kopf an Ukes linke Oberschenkelaußenseite. Dann nimmt Tori sein linkes Bein um Ukes Kopf und verschränkt seine Füße.

3 Anschließend kippt er Uke über dessen rechte Schulter zum Juji-gatame (siehe Seite 76).

Befreiung aus Haltegriffen

Es gibt vier Arten, sich aus einem Haltegriff zu befreien:

1. Das »Wandern«, »Schaukeln« oder »Ins-Leere-Drücken« ist eine grundlegende Befreiungsart. Durch einfache Beinbewegungen und das Hochkommen des Oberkörpers wird sich befreit und anschließend gleich selbst gehalten. Dies ermöglicht Erfolgserlebnisse auch für die ganz Kleinen, ist aber nicht als sehr gute Befreiung für Erwachsene zu verstehen.
2. Das »Auf-den-Bauch-Drehen« ist eine gängige Befreiungsmöglichkeit, wenn die Arme durch den Haltenden nicht mehr kontrolliert werden.
3. Die »Beinklammer« oder »Hüftklammer« ist eine effektive Variante. Durch Umklammern der Hüfte oder eines der Beine des Haltenden wird der Haltegriff neutralisiert. Der Haltegriff wird nicht mehr gewertet, auch wenn man sich immer noch in ihm befindet.
4. Beim »Rüberheben« sollte man darauf achten, dies immer mit abschließendem Haltegriff zu üben.

Verteidigung gegen Hebel

Bei den **Streckhebeln** kann versucht werden, den eigenen, vom Gegner bereits gestreckten Arm herumzudrehen und/oder seinen Oberkörper an den eigenen Arm heranzuziehen.
Bei den **Beugehebeln** kann versucht werden, sich in die Richtung zu rollen, in die der Gegner den Arm zieht.

Verteidigung gegen Würger

Man kann versuchen, zwischen dem gegnerischen Arm und dem eigenen Hals eine Hand auf die Wange zu legen, so als ob einen Zahnschmerzen quälen.

Anhang

Kata-Formen

Nage-no kata (Form der Standtechniken)

Te-waza
1. Uki-otoshi
2. Seoi-nage
3. Kata-guruma

Koshi-waza
4. Uki-goshi
5. Harai-goshi
6. Tsuri-komi-goshi

Ashi-waza
7. Okuri-ashi-barai
8. Sasae-tsuri-komi-ashi
9. Uchi-mata

Ma-sutemi-waza
10. Tomoe-nage
11. Ura-nage
12. Sumi-gaeshi

Yoko-sutemi-waza
13. Yoko-gake
14. Yoko-guruma
15. Uki-waza

Katame-no-kata (Form der Bodentechniken)

Osae-komi-waza
1. Kesa-gatame
2. Kata-gatame
3. Kami-shiho-gatame
4. Yoko-shiho-gatame
5. Kuzure-kami-shiho-gatame

Shime-waza
6. Kata-juji-jime
7. Hadaka-jime
8. Okuri-eri-jime
9. Kata-ha-jime
10. Gyaku-juji-jime

Kansetsu-waza
11. Ude-garami
12. Juji-gatame
13. Ude-gatame
14. Hiza-gatame
15. Ashi-garami

Gonosen-no-kata (Form der Gegenwürfe)

1. O-soto-gari → O-soto-gari
2. Hiza-guruma → Hiza-guruma
3. O-uchi-gari → Okuri-ashi-barai
4. De-ashi-barai → De-ashi-barai
5. Ko-soto-gake → Tai-otoshi
6. Ko-uchi-gari → Hiza-guruma
7. Kubi-nage → Ushiro-goshi
8. Koshi-guruma → Uki-goshi
9. Hane-goshi → Sasae-tsuri-komi-ashi
10. Harai-goshi → Utsuri-goshi
11. Uchi-mata → Sukui-nage
12. Kata-seoi → Sumi-gaeshi

Kime-no-kata (Die klassische japanische Form der Selbstverteidigung)

Idori (in kniender Haltung)
1. Ryote-dori
2. Tsukikake
3 Suri-age
4. Yoko-uchi
5. Ushiro-dori
6. Tsukikomi
7. Kiri-komi
8. Yoko-tsuki

Tachi-ai (in stehender Haltung)
9. Ryote-dori
10. Sode-tori
11. Tsukikake
12. Tsuki-age
13. Suri-age
14. Yoko-uchi
15. Keage
16. Ushiro-dori
17. Tsukikomi
18. Kiri-komi
19. Nuki-kake
20. Kiri-oroshi

Ju-no-kata (Form der Geschmeidigkeit)

1. Tsuki-dashi
2. Kata-oshi
3. Ryote-dori
4. Kata-mawashi
5. Ago-oshi
6. Kiri-oroshi
7. Ryokata-oshi
8. Naname-uchi
9. Katate-dori
10. Katate-age
11. Obi-tori
12. Mune-oshi
13. Tsuki-age
14. Uchi-oroshi
15. Ryogan-tsuki

Kodokan-goshin-jitsu-no-kata (Moderne Form der Selbstverteidigung)

1. Ryote-dori
2. Hidari-eri-dori
3. Migi-eri-dori
4. Kata-ude-dori
5. Ushiro-eri-dori
6. Ushiro-jime
7. Kakae-dori

8. Naname-uchi
9. Ago-tsuki
10. Ganmen-tsuki
11. Mae-geri
12. Yoko-geri

13. Tsuki-kake
14. Choku-tsuki
15. Naname-tsuki

16. Furi-age
17. Furi-oroshi
18. Morote-tsuki
19. Shomen-tsuke
20. Koshi-gamae
21. Haimen-tsuke

Itsutsu-no-kata (Form der fünf Symbole)

1. Symbol der positiven und negativen Kraft
2. Symbol des Beharrungsgesetzes
3. Symbol der Zentrifugal- und Zentripetalkraft
4. Symbol der Kraft der Meereswogen
5. Symbol der Flugbahn und Kraft eines Kometen

Koshiki-no-kata (uralte Form)

Omote
1. Tai
2. Yumeno-no-uchi
3. Ryokuhl
4. Mizu-guruma
5. Mizu-nagare
6. Hiki-otoshi
7. Kodaore
8. Uchikudaki
9. Tani-otoshi
10. Kuruma-daoshi
11. Shikoro-dori
12. Shikoro-gaeshi
13. Yudachi
14. Taki-otoshi

Ura
15. Mi-kudaki
16. Kuruma-gaeshi
17. Mizu-iri
18. Ryu-setsu
19. Saka-otoshi
20. Yuki-ore
21. Iwa-nami

Judo-Begriffe

Japanisch-Deutsch

A

Ashi	Fuß
Awasete-Ippon	»Das ergibt einen Punkt« beim Wettkampf

B

Barai (Harai)	Fegen
Budo	Oberbegriff aller asiatischen Kampfsportarten

C

Chugaeri	Rolle vorwärts

D

Dan	Meistergrad, Stufe
Ichi-Dan	1. Dan
Ni-dan	2. Dan
San-dan	3. Dan
Yon-dan	4. Dan
Go-Dan	5. Dan
Roku-dan	6. Dan
Shichi-dan	7. Dan
Hachi-dan	8. Dan
Kyu-dan	9. Dan
Ju-dan	10. Dan
De	Vorwärts
Do	Weg, Prinzip, Lehre
Dojo	Übungshalle
Dori (Tori)	Der Werfende, nehmen

E

Ebi-jime	Krebswürgen
Eri	Kragen

F

Fusen-sho	»Kampfloser Gegner«

G

Gaeshi (Kaeshi)	Gegengriff
Gake	Einhängen
Gari	Sicheln
-garami	Halten
-gatame (Katame)	Halten
-geiko	Übung
Go	Fünf
Gokyo	System-Kodokan
Gonosen-no-kata	Form der Gegenwürfe
-goshi (Koshi)	Hüfte
Guruma	Rad
Gyaku	Umgekehrt

H

Hadaka	Frei
Hajime	»Kämpft«
Hane	Springen
Hansoku-make	Disqualifikation beim Wettkampf
Hara	Bauch
Harai (barai)	Fegen
Hidari	Links
Hikiwake	Unentschieden
Hishigi	Strecken, drehen
Hiza	Knie
Hizi	Ellenbogen
Hon	Basis, Grund-, Haupt-

I, J

Ippon	Voller Punkt beim Wettkampf
Itsutsu-no-kata	Form der fünf Symbole
Jime (shime)	Würgen
Ju	Nachgeben, sanft
Judo	Sportart des sanften Weges
Judogi	Judobekleidung
Judoka	Judokämpfer
Juji	Kreuz, über Kreuz
Ju-no-kata	Form der 15 Geschmeidigkeiten

K

Kaeshi (geashi)	Auf den Rücken fallen, Gegenangriff
Kagato	Fuß, Ferse
Kake	Endphase des Wurfes
Kami	Oberer Körper
Kannuki	Quer, verriegelt
Kano, Dr. Jiogoro	Begründer des modernen Judo
Kansetzu	Gelenk
Kata	Schulter, Form
Katame (gatame)	Halten
Katame-no-kata	Form der Bodengriffe
Keiko (Geiko)	Übung
Kiai	Kampfschrei
Kime-no-kata	Form der Selbstverteidigung
Kimono	Altjapanische Kleidung
Kinsa	Kampfrichterentscheid
Ko	Klein
Kodokan	Judo-Institut in Tokio
Kodokan-goshin-jitsu	Form, Selbstverteidigung
Koka	Achtel Punkt
Koshi (goshi)	Hüfte
Koshiki-no-kata	Form, uralte
Kubi	Hals
Kuzure	Abart, Variante
Kuzushi	Gleichgewichtsbrechen
Kyo	Gruppe
Kyu	Grad, Schüler
Ik-Kyu	1. Kyu braun
Ni-Kyu	2. Kyu blau
San-Kyu	3. Kyu grün
Yon-Kyu	4. Kyu orange-grün
Go-Kyu	5. Kyu orange
Roku-Kyu	6. Kyu gelb-orange
Shichi-Kyu	7. Kyu gelb
Hachi-Kyu	8. Kyu weiß-gelb
Kyu-Kyu	9. Kyu weiß

M

Ma	Gerade
Mae-ukemi	Fallen vorwärts
Maki	Einrollen
Mata	Innenseite des Schenkels
Matte	»Warten«
Migi	Rechts
Mokuso	Judositz, Konzentration
Morote	Beidhändig
Mune	Brust

N

Nage	Werfen, Wurf
Nage-no-kata	Form des Werfens
Nage-waza	Gruppe der Standtechniken
Ne	Boden
Ne-waza	Gruppe der Bodentechniken

O

O	Groß
Obi	Gürtel
Okuri	Nach (-schicken)
Osae	Halten
Osae-komi	»Haltegriff ist angesetzt«
Othen	Zur Seite drehen
Otoshi	Fallen

R

Ran	Locker
Randori	Übung (Übungskampf)
Rei	Verbeugen
Renshu	Freies Lernen
Ryo	Zwei, beide

S

Sankaku	Dreieck
Sasae	Stützen, halten
Sensei	Lehrer, Meister
Seoi	Schulter
Shiai	Wettkampf
Shiai-Kommandos:	
Hajime	»Kämpft«
Mate	»Warten«
Osaekomi	»Haltegriff ist angesetzt«
Toketa	»Haltegriff ist gelöst«
Sone-mama	»Nicht bewegen«,
Yoshi	»Weiterkämpfen«
Sore-made	»Das ist alles«, Kampf ist zu Ende
Shiai-Wertungen:	
Ippon	Ganzer Punkt
Waza-ari	Halber Punkt
Yuko	Viertel Punkt
Koka	Achtel Punkt
Awasete-Ippon	»Das ergibt einen Punkt« (zwei Waza-ari)
Fusen-gashi	»Sieg durch Nichtantreten«
Sogo-gachi	»Zusammengefasster Sieg« (Uke: Waza-ari, Tori: Keikoku)
Shiai-Strafen:	
Shido	Leichter Verstoß
Chui	Ernstlicher Verstoß
Keikoku	Sehr schwerer Verstoß
Hansoku-make	Sehr schweres Vergehen
Shiaijo	Kampffläche
Shiho	Vier Ecken
Shime (= jime)	Würgen
Shime-waza	Gruppe der Würgegriffe
Shobu	Kampf
Sode	Ärmel
Sone-mama	«Nicht bewegen«
Sore-made	»Das ist alles«, Kampf ist zu Ende
Soto	Außen
Sukui	Bewegung des Schaufelns
Sumi	Ecke
Sutemi	Opfern, sich selber in Gefahr begeben
Sutemi-waza	Gruppe der Selbstfalltechniken

T

Tai	Körper
Tani	Tal
Tashi-waza	Standtechnik
Tatami	Reisstrohmatte
Tate	Von oben
Te	Hand, Arm
Te-waza	Gruppe der Hand-, Arm- und Schultertechniken
Toketa	»Haltegriff ist gelöst«
Tomoe	Bogen
Tori	Werfer, Angreifer
Tsukuri	Eingang, Wurfansatz
Tsuri	Ziehen
Tsuri-komi	Hebezug

U

Uchi	Innen
Uchi-komi	Mehrere Eingänge
Ude	Arm
Uke	Verteidiger, der Fallende
Ukemi	Fallschule
Uki	Schweben
Ura	Rücken
Ushiro	Hinten, rückwärts
Utsuri	Überwechseln

W

Wakare	Sich trennen
Waza	Technik, Kunst
Waza-ari	Halber Punkt im Wettkampf

Y

Yoko	Seite
Yoshi	»Weiterkämpfen«
Yudansha	Danträger
Yuko	Viertel Punkt

Z

Za	Sitz, Platz
Za-rei	Verbeugung im Knien
Za-zen	Konzentrationssitz
Zubon	Hose

Deutsch-Japanisch

A

Abart	Kuzure
Angreifer	Tori
Arm	Ude
Ärmel	Sode
Außen	Soto

B

Basis	Hon
Bauch	Hara
Beide	Ryo
Boden	Ne
Bogen	Tomoe
Brust	Mune

D

Danträger	Yudansha
Drehen	Hishigi
Dreieck	Sankaku